팽이는 돌아야 아름답다

현대수필가100인선II · 79

팽이는 돌아야 아름답다

장병선 수필선

수필과비평사·좋은수필사

■책머리에

수필은 누구나 부담 없이 읽고, 마음만 먹으면 직접 쓸 수도 있는 가장 친근한 문학이다. 다른 영역의 문학이 영상매체에 밀려 신음하고 있는 중에도 수필 인구만은 날로 증가하여 바야흐로 수필 전성시대를 구가하고 있는 이유도 거기에 있을 것이다.

시대적 추세에 힘입어 수많은 수필전문지, 수필동인지가 창간되고, 이에 비례하여 신진 수필가도 날로 늘어나다 보니 이제는 그 많은 작가, 그 많은 작품 중에서 문학성 높은 작품을 가려 읽는 일이 쉽지 않게 되었다. 이런 현상은 작가에게나 독자에게나 결코 바람직한 일이 아니다. 더 나아가서는 수필을 연구하는 후세들에게도 큰 부담이 될 것이다.

이런 문제를 해결하는 데는 출판인도 마땅히 한몫을 감당해야 한다는 평소의 소신에 따라, 본사가 기꺼이 그 역할을 맡기로 했다. 그 첫 번째 사업으로 시대를 대표할 만한 수필가 100인을 선정하고, 작가가 자선한 40편 내외의 작품을 수록한 문고본을 발간하여 이를 널리 보급함으로써 그 소임을 다하고자 한다.

본사는 사명감을 가지고 이 사업을 추진해 나가기로 했다. 작가 선정을 전담할 편집위원회를 구성하고 전권을 위임하여 일체의 사적인 정실이나 청탁을 배제함으로써 전문성과 공정성을 확보해 나갈 것이다.

따라서 이 기획물 속에는 작가의 문학정신뿐만 아니라, 본사의 문학사적 기여 의지와 편집위원 제위의 수필문학에 대한 애정과 문인으로서의 양심이 함께 담겨 있음을 자부한다. 다만, 작가를 선정하는 기준에는 많은 견해의 차이가 있을 수 있고, 선정 과정에서도 미처 챙기지 못한 부분이 있을 것이라는 사실만은 인정하지 않을 수 없다. 이 점에 대해서는 관계자 여러분의 양해 있으시기 바란다.

이 시리즈의 발간 순서는 작가, 또는 본사의 사정에 의한 것일 뿐 그 밖의 어떤 기준도 적용하지 않았음을 밝힌다.

본 기획물이 시대를 초월한 많은 수필 애호가들의 관심과 애정 속에 우리나라 수필문학 발전에 한 이정표가 되기를 바랄 뿐이다.

본사에서는 이상과 같은 취지로 ≪현대수필가 100인선≫ 전 100권을 완간하여 큰 반향을 불러일으킨 바 있다.

그러나 우리 수필문단의 규모나 수필문학의 수준에 비추어 선정 작가를 100인으로 한정하는 것은 형평성이나 효율성 면에서 크게 부족하다는 의견이 많았고, 본사 또한 이를 통감하던 터라 기꺼이 ≪현대수필가 100인선Ⅱ≫를 발간하기로 했다.

본사의 충정에 찬동하여 출판에 응해주신 저자 여러분에게 진심으로 감사한다.

2014년 9월 일

수필과비평사 · 좋은수필사 발행인 서 정 환
현대수필가 100인선 간행 편집위원 박 재 식 최 병 호
정 진 권 강 호 형
오 세 윤

| 차례 | 현대수필가100인선II · 79

1_부 고운 손

2_부 벼꽃의 미

3_부 스타벅스 가는 길

4_부 삶의 소소한 즐거움

5_부 용문산 물소리

1부

고운 손

얼굴보다 '고운 손'이 있다. 상대방이 예감하지 못한 '고운 일'을 손이 행하여 감동을 준다.

여의도의 한 대중식당에서다. 문인 십여 명이 모여 신년회를 마친다. 여럿이 방에서 나오는데 문 앞에 신발이 어지럽게 놓여 있다. 엇비슷한 신이 뒤죽박죽 섞인 듯하다. 좁은 마루에 서서 신발을 살피는데 먼저 나온 여인이 내 구두를 댓돌 위에 놓아 준다.

발만 내디디면 신을 수 있게 나란하다. 자로 잰 듯 반듯한 그 구두를 신으며 여인에게 인사한다.

"고맙습니다."

"아니에요."라며 미소를 머금는다.

그녀와 회원들이 엘리베이터를 같이 탄다. 1층에 내리자 서로 악수하며 헤어진다. 나는 아쉬움을 뒤로하고 아파트로 향한다. 63빌딩 쪽으로 걸으니 발이 따뜻하다. 그녀와의 기억을 더듬는다. 머리를 굴려봐도 어떤 추억도 떠오르지 않는 여인. 그리 가깝게 지낸 적이 없는데 어쩐 일로 그 '고마운 손', 아니 '고운 손'을 내게 보여줬을까?

단둘이 만나 함께 걸어보지도 않았는데 어떻게 내 신발을 알았을까. 혹시 그 식당 방에 들어갈 때 신발 벗는 걸 엿봤을까. 아니면 나를 뒤밟으며 내가 신은 신발을 어디서 훔쳐봤을까? 별별 의구심이 꼬리를 문다.

궁금증이 열을 올린다. 그 여인의 손이 '곱다'는 걸 의식할수록 마음이 따뜻하다. 다른 회원에겐 그런 친절을 베풀지 않으면서 유독 내게만 호의를 준 것 같다. 남 앞에, 여러 문인 앞에 엎드려 신발을 바로 놓아준 게 그토록 고맙다.

마음결이 곱고 가슴이 따뜻한 여인일 게다. 그런 온기야말로 요즘 차갑기만 한 내 가슴을 데워주지 싶다. 그 마음 씀씀이만큼이나 용기도 있는 여인이다. 자칫하면 문인들의 입방아에 오르내리고, 사실과는 달리 엉뚱한 오해를 받을 수 있는 일인데….

'말이라도 건네 볼걸, 분위기 좋은 카페에 가서 커피 한 잔 마십시다.'라고. 따끈한 아메리카노를 쩝쩝대며 요리조리 마음을 떠볼걸. 멋도 없이 그냥 헤어진 게 못내 아쉽다. 후회된다.

무뚝뚝한 자신을 새삼 느낀다.

그럴수록 '신발 바로 놓아주기'가 상대에게 참으로 따뜻한 감정을 준다는 사실을 의식한다. 나는 다른 이에게 한 번도 그래 보지 못한 아쉬움이 가슴을 저민다. 지금부터라도 남에게 나의 '고운 손'을 보여줘야겠다. 그녀의 손 같은.

그런 각오를 하며 걷는 내내 가슴이 뛴다. 그 여인의 손이 자꾸만 눈에 밟힌다. 보석처럼 빛나는 그 '고운 손'이.

걸림돌과 디딤돌

늦가을 맑은 날, 산길을 걷는다. 눈앞에 날아드는 단풍잎을 쳐다보다가 돌부리에 부딪힌다.

"아야!"

엄지발가락이 쓰리고 아프다. '이 돌이 왜 여기에?'라고 탓하며 내려다본다. 경사진 길 한가운데 깊숙이 박힌 차돌이다. 산에 오르내리는 사람들의 발길에 밟혀 몸이 반질반질하며 뾰족한 돌부리가 위로 솟아 있다.

조금 전 고맙게 여기며 건너온 개천의 디딤돌과 비교된다. 인생도 그러하지만, 돌도 놓인 자리에 따라 걸림돌이 되기도 하고 디딤돌이 되어 칭찬받기도 한다. 문득 돌이 놓인 자리가 영상처럼 떠오른다.

주인을 잘 만나면 대궐 같은 집 주위를 둘러싼 높은 담의 중간중간에 박힌다. 그런가 하면 이웃집에 호박떡을 건너던 내 고향 집의 낮은 흙담에 놓이기도 한다. 살을 에는 한겨울, 등을 뜨뜻하게 데워주는 온돌방의 구들장으로 덥히기도 하는 운명.

그뿐만이 아니다. 어머니가 방에 드나들 때 신발을 벗고 마루에 오르시던 댓돌이 되어 준다. 처마 밑 낙숫물이 떨어지는 데에 놓여 제 몸이 조금씩 파이는 아픔을 겪는 돌도 있다.

건축하는 임자를 만나면 집채 앞뒤에 놓이는 돌층계의 섬돌이 된다. 때론 새로 짓는 집의 머릿돌이 돼 집을 지탱해 주기도 한다. 지진이나 자연재해로 산기슭 바위에서 무너진 돌은 물결 따라 강이나 바다를 돌면서, 주먹만 한 작은 돌로 깎이어 몽돌이 된다. 반질반질하게 다듬어진 그 돌은 소녀 책상 위에 다소곳이 놓여 사랑의 눈길을 받기도 한다.

또한, 두껍고 큼직한 돌은 적군을 막는 성(城)으로 쌓여 총알받이가 되는 험한 풍상을 겪는다. 어쩌다가 마을 앞 저수지에 떨어지는 돌은 물고기들이 알을 낳고 까는 산실이 된다. 무덤 앞에 선 비석은 망인의 넋을 지켜준다. 그 밖에도 선돌 · 박석 · 표지석 · 망부석 등 놓인 자리에서 제 역할을 다 하는 돌이다.

나는 지금 선 자리에서 부여된 내 일을 다 하는가? 나라에 대한 사랑과 의무, 자식과 이웃에 대한 도리, 친구에 대한 의리…. 어느 것 하나 칭찬받을 일이 없지 싶다. 잘 안 되는 일에 남의 탓을 하거나 주위 환경 때문이라고 책임 전가한 게 한두 번인가. 돌에 배울 일이지 싶다.

돌, 본성이 '환경 적응'에 능하다. 뜨뜻한 데에 닿으면 따뜻해지고, 펄펄 끓는 데 놓이면 뜨겁게 달아오른다. 차가운 방에선 차디찬 냉돌(冷堗)로 오들오들 떨기도 한다. 돌담의 돌은 그의 무게로 아래위를 평정(平靜)한다. 아래를 다독이며 위를 받쳐주는 역할을 한다.

이처럼 돌은 그의 적응성과 무게감으로 우리 생활 주변에서 묵묵히 제 할 일을 다 하는 성실한 존재다. 그러고도 티 하나 내지 않는다. 나처럼 양지를 찾아 이곳저곳 기웃거리지도 않는다. 놓인 자리에 자족하며 주어진 임무를 다한다.

그러고 보면 돌도 인생처럼 누구를 만나, 어디에 놓이느냐에 따라 운명이 달라진다. 물이 좔좔 흐르는 개천의 디딤돌로 놓여 칭찬받기도 하고, 오늘의 그 차돌처럼 길에 박혀 남의 행보에 장애가 되기도 한다.

혹여 나는 등산길에 놓인 그 '걸림돌'은 아닌지? 산길을 걸으며 곰곰이 생각한다.

천 원이 준 교훈

가난하지만 마음이 넉넉한 사람이 있다. 비록 우산을 수리하여 생활하지만 주위 사람들에게 베풀며 산다.

그 사람은 노인이다. 비 온 다음 날이 일하는 날이다. 비가 멎고 날이 들면 내가 사는 아파트 단지로 나오신다. 출근은 하시지만 앉을 자리가 따로 마련되어 있는 것이 아니다. 갖고 온 비닐 자리를 아파트 출입구 안쪽에 펴면 그곳이 하루의 일터다.

희끗희끗한 머리카락, 허름한 작업복 차림으로 우산살이 가득 든 배낭을 메고 오신다. 이가 빠져 합죽 오므라진 노인의 얼굴로 봐서 나이 70은 넘은 듯하다. 도수 높게 보이는 두꺼운 안경을 눈 아래로 늘어뜨리고, 우산을 꿰매는 골무 낀 손놀림이 빠르다.

여느 때는 한 개의 우산을 수리하곤 했는데 며칠 동안 계속된 장맛비 때문인지 오늘은 두 개의 우산을 그 노인에게 맡긴다. 노인은 나를 쳐다보며 "수리비는 개당 천 원입니다. 일이 좀 밀려있어 한 시간 후에 들러 주십시오."라고 하신다.

기다리는 시간을 이용, 집사람과 같이 단지 내 슈퍼에 들른다. 식료품을 사 들고 돌아오는 길에 그 우산을 찾아 펴보니, 휘어졌던 우산살도, 실밥이 빠졌던 부분도 말끔히 고쳐졌다. 노인에게 수리비 2천 원을 건네주며 "수고했습니다."라고 인사를 하니, 노인이 "잠깐만요. 천 원은 가져가십시오. 두 우산 중 한 개는 터진 실밥만 꿰맨 것으로 수리비는 받지 않습니다."라고 하신다. 내가 "그만 됐습니다."라며 발길을 돌리려니 노인이 자리에서 일어서며 천 원을 나에게 내민다.

속으로 별사람도 다 본다며 그 돈을 받으니 아내가 말을 한다. 전에 그 노인에게 양산 수리를 맡겼더니 부탁하지 않은 부분까지 손을 봐주고 아주 꼼꼼히 일을 잘한다며 칭찬을 한다. 노인 나름대로 어떤 기준이 있는지는 모르지만 간단한 수리는 돈을 받지 않는다는 것이다. 일을 잘하는 데다 실밥 꿰매는 정도의 단순한 수리는 무료로 서비스한다는 사실이 단지 내에 널리 알려졌다. 그래서 멀리 떨어진 아파트 주민들도 고장 난 우산 · 양산을 들고 여기로 온다고 한다.

집사람은 노인에게 들은 이야기라면서 말을 잇는다. 우산을 수리하여 번 돈으로 다섯 자녀를 기르고 공부시켰단다. 지금은 모두 출가하여 노부부만이 부평에서 따로 산다는 것이다. 전철로 한 시간 거리에 살지만, 비 온 뒷날이면 어김없이 여의도까지 출근하는 부지런한 노인으로 단골손님이 많다고 한다.

아파트 엘리베이터를 타면서 곰곰이 생각해 본다. 요즘처럼 각박한 세상에 저런 사람도 있구나. 자기 일에 최선을 다하며 마음의 여유를 갖고 사는 노인. 되돌려 받았던 천 원이 값진 돈이란 생각이 든다. '고맙다'는 인사도 없이 그냥 돈만 받아온 내 무뚝뚝한 성격을 탓해 본다.

비록 아파트 단지를 돌면서 우산 · 양산을 수리하여 생활해 가지만, 자기 자신이 '이것은 수리가 아니다.'라고 판단하면 돈을 받지 않는다. 간단히 우산살을 편다든가, 실밥을 몇 바늘 꿰매는 정도의 것은. 그 노인에게는 잇속보다는 수리냐, 아니냐가 중요하다. 그래서 베풀며 산다. 작은 서비스이지만 넉넉한 마음이 아닌가.

우리는 누구나 일을 하고 산다. 자기 일을 하면서 노인처럼 작은 서비스 하나씩을 할 수 있다면 우리네 삶이 얼마나 정겨울까. 나도 하는 일에서 이와 같은 '서비스 하나쯤은 하고 살아야지'라고 생각하니 그 노인에게서 되돌려 받은 천 원이 귀하게 여겨진다.

서랍을 정리하며

새해다.

제사를 지내고 책상에 앉는다. 해가 바뀌면 누구나 마음을 가다듬게 된다. '올해는?' 하고 스스로 묻는다. 산만한 주위를 정리하고픈 생각이 든다. 쓰지 않는 채 오래 보관하는 것을 치우고 새로운 걸 채워가야겠다는 바람이다. 손댈 곳이 한두 군데가 아닐 것 같은데 막상 '이것'이라고 떠오르지 않는다.

멍하니 궁리하다가 주위를 두리번거린다. 불쑥 책상 서랍을 당긴다. 잡동사니가 가득하다. 갖가지 포스트잇 · 인덱스 카드 · 마른 볼펜 · 싸인 펜 · 몽당연필 · 공짜로 받은 물휴지 · 메모지…. 욕심내어 받아온 판촉물이 대부분이다. 내 속내의 실상을 보는 듯하다.

종이에 선을 쭉쭉 그어보며 잉크 마른 펜을 하나씩 휴지통에 넣는다. 세 개나 있는 플라스틱 자도 두 개를 버린다. 여러 개 있는 때 묻은 지우개도 몽땅 들어낸다. 색종이 나부랭이, 크고 작은 메모지와 색바랜 명함들을 다 끄집어내니 서랍 안이 휼빈하다. 내 마음마저 시원하다. 쓸모없이 쌓인 게 어디 서랍의 문구만일까?

내 '마음 서랍'에도 과욕으로 빚은 잔재(殘在)가 한둘이 아닐 것이다. 소화하지 못할 큰 제목으로 글을 쓰겠다고 머리를 짜다가 한쪽으로 밀어놓은 생각의 편린들. "이제 줄여가야 할 때"라고 일러주는 아내나 이웃의 제언을 고맙게 생각하지 않고, 오히려 잔소리나 반박으로 여긴 외골수의 마음에 맺힌 멍울들. 남에게 주고 베푸는 것보다 더 많은 걸 얻으려는 부엉이 같은 욕심의 마음 보따리들…. '이참에 좀 덜어내자.'

새해다. 때가 아닌가. 비워야 채울 수 있다. 서랍도 비우고, 마음도 비운 가벼운 걸음으로 새 출발을 해야겠다. 안달복달하며 채워서 비우는 게 우리네 인생이 아닌가.

담쟁이의 의지

담쟁이덩굴이 온 벽을 덮고 있다. 그 벽 위에서 너울거리는 잎들을 물끄러미 쳐다본다. 부럽기 때문이다.

사는 인생길에도 높은 벽이 앞에 놓이곤 한다. 넘어서야 할 고비다. 그 난관을 넘지 못하고 돌아서 가기도 하고 때로는 그 일을 포기하기도 한다. 그런데 담쟁이는 다르다.

벽에 도전한다. 깎아지른 듯한 가파른 벽도, 10여 미터의 높은 담에도 주저하지 않는다. 겨울 동안 말라죽은 듯이 잠을 자다가 봄이 되면 잎을 피워 위로 올라가는 데 다걸기(올인)한다. 콘크리트 벽이든, 돌담이든 끝까지 기어오르는 끈질긴 근성이 있다. 그 용기와 힘은 어디서 오는 것일까.

강한 의지다. 오를 수 있다는 자신감이다. 반드시 벽 위에,

아니 정상에 올라서야 한다는 목적의식이다. 그래서 담쟁이는 그 벽에 발붙일 막뿌리를 만든다. 땅속에 있는 본래의 뿌리 외에 줄기나 잎에 실처럼 가늘고 질긴 새로운 보조 뿌리이다.

그 보조 뿌리는 강력 접착제 역할을 한다. 한 발만 잘못 내디뎌도 온 덩굴이 주르르 미끄러져 내릴 가파른 벽에 바늘구멍 같은 틈새를 찾아, 거기에 착 달라붙는다. 그곳에 뿌리 내려 제 영토화한다. 그런 다음 봄여름에 부지런히 잎과 꽃을 피우고 가을이면 열매 맺는 강인한 삶을 산다.

'뜻이 있는 곳에 길이 있다'는 말의 참뜻을 담쟁이는 일찍 터득했다. 뚜렷한 목적의식을 가지면 길이 있다는 것을 담쟁이는 진즉 알았다. 그런데 나는 그것을 몰랐던 것일까. 알면서도 실행하지 못하는 것일까. 하는 일이 벽에 막히면 그 벽을 우회하기도 하고 아예 그 일을 포기하고 다른 일을 찾곤 한다. 언제나 쉽고 편한 길을 택한다. 그러다 보니 남에게 뒤처지거나 끝까지 한 우물을 파지 못한다.

그런 일이 어디 한두 번이었던가. 학창 시절, 기자가 되겠다는 포부로 3년 반이나 신문학(新聞學)을 공부하고 기사 취재 현장에 실습을 나갔을 때였다. 기자들이 밤낮없이 사건과 시간에 쫓기고, 날마다 기사 마감 시간에 초조해하는 것을 보고 전공을 바꿨다. '기자가 무관(無冠)의 제왕'이라고 하지만, 그런 삶을 살아야 하는 '고난의 길'이란 생각에서였다.

또한 8년여 공무원 생활을 하다가 어느 세월에 1급까지 올라가나 하는 '층층 계단의 높은 벽'을 의식했다. 비교적 연공서열보다는 이룬 실적으로 평가받는 무역의 길(KOTRA)로 진로를 변경한 것도 그저 편하고 안일한 길만 걸었다. 정상에 올라서지 못한 까닭이었다.

그래선지 담쟁이가 장하다는 생각이 든다. 목적한 정상에 기어이 오르고 마는 강한 의지와 곧은 지조가 있어서다. 담쟁이인들 어찌 오르는 데 어려움이 없겠는가. 빨아들일 양분(養分) 하나 없는 텅 빈 벽, 물 한 방울 나오지 않는 메마른 담, 통유리 세워 놓은 듯한 수직의 벽에 막뿌리를 내려가며 위로 위로 뻗어 오르는 그 의지가 놀랍다. 정상을 향해 자신을 채찍질하지만 홀로 앞서가지 않는다.

옆의 덩굴과 보조를 맞춰 나란히 줄기를 뻗는다. 뻗으면서 줄기 마디마디에 곁가지를 내어 좌우로 퍼져 가며 함께 오른다. 오르면서 제 줄기와 잎들로 텅 빈 담을 덮는다. 덮어 주면서 서로 얽히고설키어서 하나가 된다. 그래서 강한 바람이 불어도 심한 폭풍우가 휘몰아쳐도 흔들리지 않는다. 둥치 큰 나무들이 뿌리째 뽑혀도 담쟁이는 끄떡도 하지 않는다. 해마다 태풍이 닥치면 피해를 보는 우리네 인간에 비하면 얼마나 슬기로운가. 니보다 얼마나 지혜로운가.

그러니 담쟁이에 배울 게 많다. 가던 길에 높은 벽이 가로 놓일지라도 올라설 수 있다는 의지로 도전해 가면 막뿌리도 만들 수 있다는 것을. 닥친 현실에 좌절하지 않고 만난(萬難)을 헤치며 꿋꿋하게 걸어간다면 반드시 정상에 올라설 수 있다는 것을. 이웃과 손잡고 함께 걸으면 태풍 같은 재난도 극복할 수 있다는 것을.

6월의 햇볕이 벽을 달군다. 고난을 극복하고 벽 위에 올라선 담쟁이 잎들이 바람결에 나풀거린다. 개선장군의 깃발처럼, 확 트인 정상에서 승리의 기쁨을 만끽한다.

그런데 나는 아직 정상에 오른 기쁨을 맛보지 못하고 산다. 강산이 여덟 번이나 변한, 그런 나이인데도 어느 한 분야의 정상에 오르지 못한 자신이다. 그저 평평하고 안일한 길만 걸어선지, 높은 벽 위에서 너울거리는 담쟁이에 자꾸만 자꾸만 시선이 간다.

봄의 언어들

봄은 시작이다, 남쪽 바람 따라서 온다. 아지랑이 하늘하늘 봄기운을 실어나른다. 뭇 생명이 잠 깨는 기척 소리가 들려오는 듯하다. 그 실음(實音)을 듣고자 봄이 오는 여의도공원에 들어선다.

〈자연생태의 숲〉이다. 낮은 산 오솔길 같은 관찰로 따라 걷는다. 낙엽이 부스럭거린다. 여린 콩나물 머리 같은 이름 모를 싹이 낙엽을 밀어 올리며 부스스 머리 드는 소리. 마치 봄맞이를 시샘하듯 떡갈나무도 도톰한 움을 가지마다 돋운다. 직박구리도 잠을 깨어 찍찍거린다. 딱새들도 포르르 날아다닌다. 너덧 마리씩 떼 지어 이 가지 저 가지로 옮겨 다니며 짹짹거린다.

숲길을 내려서니 〈문화의 마당〉이다. 운동장처럼 널찍하다. 공연과 행사하는 마당이다. 이른 아침부터 활기차다. 아이들이 롤러스케이트를 탄다. 휭휭 돌며 구르는 롤라 소리가 드르륵드르륵한다. 딸애를 데리고 나온 아빠는 자전거에 아이를 앉히고 밀어가며, 즐거워하는 그 애의 표정을 읽으며 운동장을 돌고 돈다. 봄볕을 쬐려는 아빠의 마음이지 싶다.

농구대에선 키 큰 외국인 여섯 명이 경기한다. 쏜살같이 공을 쫓아다닌다. 날 듯 훌쩍 뛰어 공을 그물망에 넣으며 '쉿' 한다. 집게 든 할아버지도 마당 주위를 돈다. 엿가위 소리 같이 집게를 딱딱거리며 휴지와 빈 병을 줍는다. 산책 나온 가족들이 맨손 체조하며 구령을 붙인다. "하나, 둘, 셋, 넷" 한다. 생동감을 준다. 봄을 일깨우는 소리로 들린다.

확 뚫린 〈잔디마당〉이 눈길을 끈다. 파릇파릇 작은 싹들이 햇볕을 반긴다. 저만치 짚으로 이은 4각 원두막이 보인다. 그 앞에 다가가니 연못에 햇빛이 자글댄다. 물 한가운데엔 덜 녹은 얼음장이 섬처럼 떠 있다. 긴 겨울 동안 굶주렸던 때문일까? 작은 붕어 떼가 몰려와 입을 쩝쩝거린다. 무엇인가 먹이를 달라는 입짓이다. 아무것도 줄 것이 없으니 그저 미안한 마음이다. 물속엔 수련이 뿌리를 내리는 듯 작은 물방울이 수면에 봉봉 뜬다. 뿌리의 숨결이다.

그 연못을 지나 〈전통의 숲〉에 들어선다. 단청한 팔각정 · 사모정이 고색창연하다. 둥근 연못과 어울려 우리의 옛 정취를 물씬 풍긴다. 소나무 · 버드나무 · 벚나무들이 주르륵 물 올리는 소리가 들려오는 듯하다. 연못 가운데 섬엔 참새들이 조잘대며 깃털을 툭툭 턴다. 추위를 털어내고 봄을 맞는 환희이지 싶다.

파릇파릇 잎 봉오리를 마디마다 틔운 수양버들 가지가 바람따라 춤춘다. 연못엔 정겨운 원앙새 부부도 서로 눈짓을 주고받으며 꾹꾹거린다. 어디선가 비둘기 떼가 후르르 날아와 내 앞에서 빙빙 돌며 구구댄다.

이처럼 공원의 뭇 생명이 질세라 봄맞이 소리를 낸다. 잡초들이 싹 올리는 소리, 나뭇가지에 움트는 소리, 소나무와 벚나무가 줄기 속으로 물 올리는 소리, 참새들이 봄을 반기며 깃털 터는 소리, 버드나무 가지가 춤추는 소리…. 소리소리가 '봄의 언어'다.

반가운 시작의 소리, 잠든 나를 일깨우는 환희의 언어다. 출발의 호루라기다.

난蘭을 분갈이하면서

마음눈이 어두웠다. 사물을 겉만 보고 속을 잘 보지 못한 탓으로 고생을 시켰다. 우리 집 난에.

호접란(胡蝶蘭), 그 화분 하나를 들여놓은 지 3년이 됐다. 그동안 내 나름대로 정성 들여 키웠다. 봄여름에는 햇볕이 내리는 베란다에 내어놓았다. 5~6일에 한 번씩 물을 줬다. 겨울엔 아파트 거실로 옮겨 햇볕 드는 방향으로 옮겨주곤 했다.

그랬더니 난은 보답이라도 하는 듯 지난 3월 어느 날, 구둣주걱 같은 여덟 개의 잎 사이로 꽃대를 올렸다. '올해는 꽃을 피우나 보다.'라며 눈길이 거기로 자주 갔다. 날마다 조금씩 꽃대를 올리더니 어느덧 50cm 정도의 높이로 자랐다. 두 줄기에 열두 꽃망울이 모습을 드러냈다.

하나둘 꽃망울이 벙글더니 하얀 꽃잎에 빨간 점이 알알이 박힌 꽃을 피운다. 그윽하게 풍기는 난향을 맡고자 즐거운 마음으로 화분 곁에 다가간다. 외출할 때도, 집에 돌아와서도 인사하듯 바라본다.

난이 제 열매를 맺고자 꽃을 피우지만, 나까지 즐겁게 해주니 고맙다. 나도 저렇게 살았으면…. 제 열매(결실)를 맺고자 하는 일이 남에게도 즐거움을 줄 수 있다면 일거양득이 아닌가. 어떻게 사는 게 그럴까. 좋은 작품을 쓰는 것, 그것이 내겐 열매일 수 있지 않을까? 하지만 난처럼 보는 이(독자)에게 즐거움을 줄 수 있는 작품을 쓴다는 건 쉽지 않은 일이다.

그런 생각을 하며 지내던 어느 날 퇴근길, 엘리베이터에서 옆집 K 회장(기업 경영인)을 만났다. 내 나이 또래인 점잖은 인상의 그 사람과 가까이해 온 사이였다. 만날 때마다 서로 반갑게 대하던 이웃이었다. 엘리베이터가 30층에 닿자 서로 먼저 내리라며 양보하다가 내가 앞서 내리면서,

"우리 집에서 차 한잔 하실까요?"

"예, 그러지요."

거실로 안내하는데 그는 탁자에 놓인 화분 앞으로 다가간다.

"고운 난입니다."

"네, 10여 일 전부터 꽃이 피기 시작하였습니다."

한참 꽃을 바라보던 K 회장이 주춤거리며 말한다.

"저도 난을 키워 본 경험이 있습니다. 이 정도 자랐으면 분갈이를 해야 할 것 같습니다."

"미처 생각하지 못했네요. 고맙습니다."

차를 마시며 난에 대한 이야기를 나누지만, 내 시선은 화분에 가 있다. 난의 크기보다 화분이 작아 보인다. 목 부분 지름이 7cm 정도의 잘록한 선물용 화분 속에서 얼마나 답답했을까. 연하디연한 새 뿌리가 얽히며 화분 벽에 닿아 아파했을 것이다.

꽃만 보고 즐거워하던 내게 난은 주인을 잘못 만났다고 후회하지 않았을까? 아마도 그랬을 것이다. 그런데도 아랑곳하지 않고 아름다운 꽃을 피워준 난이었다. 너그럽고 이해심 많은 난이었다. 공자가어(孔子家語)에 난초가 '군자의 격'이라 하더니 가히 그렇다.

"두어 달 즐기겠습니다."라며 K 회장이 자리에서 일어난다. 문밖까지 배웅하면서 "오늘 난에 대한 설명을 잘 들었습니다." 라고 인사한다. 그러고는 바로 내 방으로 가서 컴퓨터를 켠다. '분갈이'를 검색하니 주르륵 자료가 뜬다. 2년마다 한 번씩 해야 할 분갈이를 3년이 지나도록 그냥 두었으니 미안한 마음이다. 배양토(培養土)의 양분도 부족할 뿐만 아니라 좁은 화분에서 많은 불편을 겪었을 것이다.

이런 일이 비단 분갈이만이 아닐 것이다. 날마다 만나는 사람들도 겉모습만 보고, 그 사람의 입지나 심기를 읽지 못한 채 내 주장만 내세웠을 것이다. 지금 어떤 환경에 처하고 있는지 살피지 못하고, 내 처지로만 생각하고 대하지 않았는지. 좁은 식견으로 사려 깊은 관찰과 이해 없이 살아온 근시안적인 '마음눈' 때문일 것이다.

사람도 그러하지만, 식물도 그렇다. 몸집이 커지면 옷을 갈아입는 게 당연하다. '아는 것만큼 보인다.'더니, 전체를 보지 못하고 눈앞의 부분적인 현상에만 집착하여 제때에 분갈이해주지 못했을 것이다.

자책감 때문인지 그 이튿날 서둘러 꽃집을 찾는다. 점원에게 난의 현 상황을 설명하니, 청자색 사각 도자기 화분(가로세로 13cm, 높이 20cm) 하나를 추천해 준다. 그 화분과 분갈이할 재료(배양토, 나무껍질, 물이끼 등)를 사 가지고 집으로 돌아온다. 꽃집에서 받은 분갈이 유인물에 적힌 요령에 따라 상한 뿌리를 잘라내고, 큰 분에 옮겨 심으니 마음이 가뿐하다. 마치 내가 넓은 새집으로 이사해 온 듯, 흐뭇한 기분이다.

잘 휘는 공예 철사를 사다가 축 늘어진 꽃줄기를 받쳐주고, 배양토 습기가 쉬 마르지 않도록 흰 돌도 구해다가 화분 윗부분 흙에 촘촘히 깔아준다. 때때로 창문을 열어 환기도 시켜준다. 그동안 좁은 집에서 뷜(뿌리) 뻗기기 불편했을, 아팠을 난에 대해 미안한 생각으로, 변변하지 못한 주인에 개의치 아니하고 고운 꽃을 피워 준 난에 감사하는 마음으로.

이러한 우리 집 난처럼, 그동안 피상적으로 대해 온 사람들의 얼굴이 떠오른다. 애들에게 꾸중하던 내 모습도 스친다. 그들의 입지와 환경을 살피지 않고, 드러난 외면만 보는 근시안적인 자신이 아닌가. 속속들이 깊은 내면을 꿰뚫지 못하고, 얕은 지식으로 글을 쓰니 독자에게 공감이나 즐거움을 주지 못할 것이다.

이참에 내 심안(心眼)의 분갈이도 해야겠다. 대상을 '통찰(洞察)하는 보다 밝은 눈'으로.

샛강의 봄맞이

봄바람이 분다.

그래선지 여의동(東)로 벚꽃 길을 걷는다. 줄 선 벚나무가 피운 꽃잎이 하늘거린다. 예년보다 일찍 핀 꽃이 실바람에 한 잎 두 잎 휘날린다. 그 꽃잎을 밟을세라 조심조심 걷는다. 저만치 샛강의 갯버들이 손짓한다. 63빌딩 옆길로 내려선다. '섬 속의 섬', 샛강생태공원이다.

공원 들머리에 한강 물이 흘러든다. 아침 햇살에 금빛 물결이 찰랑거린다. 이 공원의 젖줄이다. 그 물길 따라 걷는다. 푸드덕 새 떼가 날아오른다. 갈대밭 붉은머리오목눈이들, 저희끼리 눈 맞춘다. 고개를 끄덕이며 짹짹거린다. 무슨 말인지 알 수 없지만, '봄이 참 좋지'라며 춘기(春氣)를 즐기는 것 같다. 길에서 먹이 쪼던 한 쌍의 까치도 깍깍거린다. 따스한 바람을 기뻐하듯 꽁지를 흔든다. 춘기(春機)라서 그럴까. 서로 눈 맞춰 가며 엎치락덮치락 거린다.

바람이 분다. 푸릇푸릇한 갯버들 가지가 넘실댄다. 밥알만 한 잎눈들을 부풀리고 있다. 풀밭에도 여러 생명이 시나브로 제 얼굴을 드러낸다. 밑바닥을 기면서도, 어느 누가 봐주지 않아도 제 모습을 뽐낸다. 제비 올 때 핀다는 보라색 제비꽃, 좁쌀 같은 흰 꽃을 다닥다닥 피운 냉이, 거친 땅을 뚫고 둥근 얼굴을 드러낸 민들레, 피멍 같은 검붉은 속살을 가진 할미꽃, 황금 술잔 같은 모양의 복수초 그리고 갖가지 잡풀이 파릇한 새싹을 돋운다.

봄바람은 힘이 세다. 살랑살랑 불지만, 뭇 생명의 뿌리를 흔든다. 깊은 잠을 자던 식물을 일깨운다. 나뭇가지에 움을 틔우고 단단한 땅을 뚫고 싹을 돋게 한다. 나는 이 봄에 무슨 싹을 틔우고 있을까? 가린 데 없는 평평한 땅에서 많은 생명이 봄이 온다고 잎과 꽃을 피우는데, 그날이 그날 같은 나날이다. 수많은 생명이 생동하는 이 봄날에 계절감을 잃고 사는 자신이 아닌가.

클로버 잎들이 살랑댄다. 진초록 풀밭이다. 샛강이 분지라서 그럴까. 풀들이 잘 자란다. 샛강 남북 양쪽이 고층 아파트에 에워싸여 바람을 막아준다. 한강 물이 끊임없이 흘러들어 뿌리를 적셔주는 자연 습지다. 이런 생태공원이 곁에 있어 가끔 여기를 들른다. 하지만 처음이다. 초목들의 파릇한 생기를 보면서 무기력한 자신을 의식하기는, 뉘우치기는.

10여 대의 자전거가 달려온다. 여의교 지하도를 지난다. 남녀 젊은이가 페달을 밟으며 봄을 길어 올린다. 내 곁을 지나가며 활기를 불어넣는다. 앞서 달리던 자전거 리더가 멈춰 서서 "이 꽃밭 좀 보십시오."라며 사진을 찍는다.

길 양쪽이 온통 꽃이다. 왼쪽 올림픽 도로변엔 노란 개나리꽃이, 오른쪽은 조팝나무 흰 꽃이 무더기로 피어 있다. 여의교에서 800m 거리의 샛강 다리까지 꽃밭이다. 고향이 어딘지 모르지만, 이 공원으로 옮겨 온 식물이 달라진 환경에 잘 적응한 것 같다. 여기가 제 터전인 양 여기며 꽃동네를 이뤄 오가는 이를 즐겁게 해준다.

서로 어깨를 기대어 살며 다 같이 꽃을 피운 공동체다. 늦을세라 우르르 함께 피어 더 아름다운 꽃밭이다. 아파트 한 울타리 안에 여러 세대와 더불어 사는 나는 어떤 꽃밭을 일구고 있을까. 씨앗 하나라도 뿌렸을까? 이 봄날에.

버드나무 습지대에 들어선다. 높이 자란 능수버들 줄기에 물기가 보인다. 물오르는 소리가 들려오는 듯하다. 가지마다 털 벌레 같은 길쭉한 꽃들을 피웠다. 그 꽃들의 무게로 가지가 축 늘어졌다. 마치 커튼을 드리운 것 같다. 연못엔 청둥오리들의 헤엄이 빠르다. 겨우내 움츠렸던 날개로 물장구를 친다. 이리저리 돌아다니며 먹이 찾기에 분주하다.

생동하는 봄, 샛강의 뭇 생명이 바쁘다. 붉은머리오목눈이 · 까치 · 청둥오리들도 봄맞이에 걸음이 빠르다. 갯버들 · 냉이 · 민들레 · 개나리 · 조팝나무 등이 경쟁하듯 잎과 꽃을 피운다. 클로버 · 능수버들도 제 존재를 드러낸다.

따스한 바람이 분다. 버들가지를 흔든다. 그 바람을 가슴 깊숙이 들이마신다. 달다. 내 가슴에도 봄바람이 분다. 새록새록 봄기운이 인다.

2부

벼꽃의 미

짙푸른 벼잎이 출렁인다.

어릴 적 아버지와 같이 걷던 논두렁에 들어선다. 끝 간 데 없이 너른 들판에 길쭉한 모양으로 곧게 자란 나락, 줄기 곳곳에 우담발라처럼 생긴 꽃이 언뜻언뜻 보인다. 가까이 다가가 그 꽃을 바라보니 곁에 있던 마을 농부가 말한다.

"지금 벼꽃 철입니다. 8월 말부터 1주일간 비나 태풍이 오지 않아야 풍년이 듭니다."

"벼꽃은 며칠간 피어 있습니까?"

"단 하루, 한두 시간 핍니다."

"그래요!"

의아해하니 그 농부가 설명한다. "벼꽃은 자가수분(自家受粉)합니다. 꽃잎과 꽃받침이 없을 뿐 아니라 향기도 나지 않습니다. 꽃이 크지도 화려하지도 않은 하얀 꽃입니다."

듣고 보니 벼꽃 대부분은 오전 10시부터 오후 2시 사이에 핀다. 그 시간대에 벼 껍질(깍지)이 벌어지고, 6개의 수술이 아래로 쳐지면서 1개의 암술이 꽃가루받이한다. 수정이 끝나면 벼 껍질은 다시 다쳐서 암술의 씨방에 배젖이 형성된다.

언젠가 들판을 돌며 부르던 루시드 폴(본명: 조윤석)의 벼꽃 노래가 떠오른다.

보이지 않는다고
나를 사랑하는지 묻진 말아요
햇살 쏟아지던 여름
나는 조용히 피어나서
아무 흔적도 없이
사라지는 가을이 오면
이런 작은 사랑 맺어준 이 기적은
조그만 볍씨를 만들꺼에요

(……)

그랬다. 노랫말처럼 조용히 피는 벼꽃을 잘 몰랐다. 농촌에서 태어나 자란 내가, 벼알 먹고 살아온 내가 벼꽃을 잘 알지 못했다. 들판을 드나들면서 더러 보긴 했지만, 워낙 작은 꽃이라 자세히 살펴보지 않았다. 단단한 껍질을 열고 작은 꽃을 피우면서 바로 수정하는 줄은 미처 몰랐다.

다른 꽃들은 짧게는 2~3일, 길게는 100여 일 동안 피어서 만개한 제 모습을 자랑한다. 벌과 나비를 불러들인다. 하지만 벼꽃은 다르다. 백설(白雪) 같은, 밥알만 한 작은 꽃을 피운다. 때 묻을까 봐, 누가 볼까 봐 얼른 수정(受精)하고 문 닫는 순결한 마음, 그 수줍음, 어쩌면 '미'는 거기에 있지 않을까?

쌀 한 톨 한 톨이 그런 수정 과정을 거쳐서 영근 열매다. 껍질에 쌓인 열매는 모체의 꽃 색깔까지 닮았다. 하얗다. 그러한 쌀로 밥 지어 먹기만 했다. 꽃이 어떻게 피는지, 얼마간 피어 있는지 알지 못한 채, 이날까지 무관심하였다. 벼에, 벼꽃에 미안하고 부끄럽다.

엄벙덤벙 건성으로 살아온 자신이 아닌가. 이런 일이 어디 벼꽃뿐일까. 겉만 보고 속을 간과한 얕은 삶, 크고 울긋불긋한 진한 꽃만 눈여겨봤다. 작은 것에, 속살에 관심 두지 않은 '건성의 삶'이었다. 나의 살과 피가 되어준 쌀의 생성과정, 그 벼꽃조차 모르고 산 수박 겉핥기식 삶이었으니. 자꾸만 시선이 간다. 하얀 벼꽃에.

갈葛과 등藤

삶의 갈등이 여기저기서 일고 있다. 서로 달리하는 입장 · 견해 · 이해관계에서 생기는 틈이요, 갈등이다. 갈등하면 갈과 등이 떠오른다. 갈은 칡, 등은 등나무를 가리킨다.

칡과 등은 콩과의 덩굴식물로 그것의 줄기를 뻗어 가고자 씨름한다. 갈등하면서 제 뿌리와 줄기에 영양분을 쌓아가며 커간다. 그래서 식품으로 약품으로 인간에게 공헌하는 귀한 식물이다.

등은 우리에게 많은 기여를 한다. 요긴하게 쓰인다. 뜨거운 여름날 학교나 공원 쉼터에서 그것들끼리 뒤엉켜 짙은 그늘을 만들어 주고, 비가 오면 비받이가 되어 준다. 봄에는 보라색 꽃을 줄줄이 피워 벌들을 불러들여 꿀을 만들게 한다. 어린잎

· 꽃 · 씨는 식용한다. 줄기가 튼튼하고 탄력이 있어 등가구 · 지팡이 · 바구니 · 액자 · 깔개 등에 널리 쓰인다. 뿌리는 약용으로 이용한다. 수피(樹皮)는 억세고 질겨 새끼 꼬는 데나 키(곡식 따위를 까불러 고르는 기구)를 만드는 데 활용된다.

또한 칡은 등보다 쓰임새가 더 많다. 칡의 뿌리를 갈근(葛根)이라 하며 녹말을 내어 묵 · 죽 · 떡 · 과자 등을 만들어 먹는다. 한방에서는 치열 · 발한 · 두통 · 숙취 등에 효능이 있어 약재(藥材)로 쓴다. 칡꽃은 주독을 없애고 하혈에 효과가 있어 민간약으로 애용한다. 겉껍질은 가공하여 노끈이나 고삐를 만들고 속껍질은 '청올치'라 하여 옷감을 짜기도 하고 벽지를 만드는 데 쓰인다.

식량이 모자라던 1960년대까지도 칡뿌리는 좋은 먹을거리였다. 이른 봄, 새순이 돋아날 때쯤이면 그것의 뿌리는 양분이 축적되어 통통해진다. 그때 사람들은 뿌리를 캔다. 그걸 즙을 내어 먹거나 차로 끓여 마시며 칡의 생기를 이어받는다. 또한 뿌리를 떡메로 두들긴 다음, 물에 빨면 앙금이 가라앉는다. 이 앙금을 말려서 떡이나 수제비를 만들어 먹었다.

칡가루 음식은 감칠맛이 있는 데다 먹고 난 후에 속이 편하여 기호 식품으로 그 명맥을 이어오고 있다. 해서, 칡을 구황(救荒)식물이라고도 부른다. 그러던 것이 이제 도시인에게 식도락의 대상이 되었다. 칡 산지마다 별식을 만들어 관광객 유치에 일조한다.

여가를 즐기는 사람들이 칡국수·칡냉면·칡즙·칡차 등을 찾아 나선다. 그것은 옛것을 되찾아보려는 마음의 고향 같은 것이 아닐까. 칡부침 안주에 칡술을 마시며 칡꽃 향기에 젖어보는 '고향 그리기'의 향수일지도 모른다. 강촌 칡국수, 인제 칡즙, 영월 칡칼국수 등 소문난 곳이 많다. 먹을거리가 없어 캐 먹던 칡뿌리가 이제 별미의 건강식품이 됐다.

칡이라면 그 옛날 가난했던 시절에 먹었던 칡떡과 칡수제비밖에 몰랐던 나였다. 그랬는데 먹을 것이 많아진 요즘에 와서 거무칙칙한 색깔의 칡즙을 자주 사 마신다. 건강에 좋아서만은 아니다. 어린 시절 어머니가 식량이 부족해서 칡수제비를 빚어주는 줄도 모르고, 한여름 밤 멍석에 앉아 가족들과 같이 맛있게 먹기만 했던 그때의 아련한 추억 때문이다.

그래선지 도봉산 등산할 때마다, 산 입구에 있는 칡즙 집을 그냥 지나치지 못한다. 즉석에서 갈아주는 그 칡즙을 사 마시며 가난했지만 정겨웠던 그때를 되새기곤 한다. 내 체질에 맞아선지 산을 오를 때 피로가 덜하고, 술을 마신 후에도 속이 편하다. 칡즙의 그런 효험은 어디에서 오는 것일까. 칡은 등과 같이 다른 식물과 나눠 가져야 할 땅의 양분(養分)을 독차지하려는 특성이 있다. 제 옆의 식물들이 동면하는 동안 부지런히 흙의 영양분을 빨아들여 뿌리에 저장한다.

그런 영양분 때문인가. 칡과 등은 1년에 6~10m씩이나 자란다. 그러나 그것들은 홀로 서지 못한다. 땅 위를 기어서 뻗거나 숲이나 나무에 친친 감겨가며 자란다. 적당히 기댈만한 데를 찾지 못하면 자기들끼리 몸을 꼰다. 두 줄기가 배배 꼬여서 소나무나 참나무에 가지를 걸친다. 그도 안 되면 나무와 나무 사이에 그네처럼 축 늘어진다.

이처럼 칡과 등은 그것들끼리 꼬여가면서 서로 약한 부분을 보듬어 가며 사이좋게 뻗어나간다. 서로 꼬여있는 모습 때문일까. 칡과 등은 부부 사이를 좋게 한다는 속설도 있다. 그래서 사람들은 칡차나 등나무 잎 삶은 물을 마신다. 등꽃을 말려 신혼부부 베개 속에 넣어두면 평생 금실이 좋다는 얘기도 전해오고 있다.

하지만 옛 선비들은 나무나 숲에 기생하는 칡이나 등을 '소인배'에 비유했다. 또한 주위에 있는 식물들과 서로 나눠 가져야 할 땅의 양분을 많이 섭취할 뿐만 아니라 다른 나무에 감겨서 그 나무의 생육을 장해한다는 것이다. 물론 칡이나 등이 제 살기 위해 다른 식물에 해를 주는 면도 있긴 하지만, 그것보다는 인간에게 기여하는 것이 훨씬 많지 않은가.

그 때문에 나는 칡과 등의 편에서 항변하고 싶다. 소인배면 어떠랴. 반듯하게 일어서지도 못하는 덩굴식물인데 어디엔가 기대어 살아갈 수밖에 없지 않으냐, 비록 숲에 엉켜 살지만 때로는 쉼터의 그늘이 되고 산에서는 동물의 서식처가 되지 않느냐, 차가운 겨울밤의 잠을 설쳐가며 힘겹게 만든 영양분을 인간의 식품으로 주지 않느냐고. 그리고 죽어서도 가진 것 모두를 약재로 가구재(家具材)로 제공하지 않느냐고.

그런데 인간은 '갈등(葛藤)'이란 말을 만들어 쓴다. 마치 칡과 등을 비꼬기라도 하듯이. 어떤 일이 까다롭게 뒤얽혀 풀기 어려울 때 이 말을 쓴다. 칡은 왼쪽으로, 등나무는 오른쪽으로 감고 성장하는 성질을 가졌다. 그래서 이들이 만나면 서로 앞서 올라가려 해서 생긴 말이다.

요즘 칡과 등이 뒤엉킨 만큼이나 우리 사회에 많은 갈등이 일어나고 있다. 정치권의 이념논쟁, 신구 세대 간 견해 차이, 빈부 간의 분배 문제가 두드러지게 나타나고 있다. 매일처럼 지역 갈등, 노사 갈등, 보혁(保革) 갈등, 남남 갈등, 강남 · 비(非) 강남 갈등 등이 뜨겁다. 이 같은 갈등들이 멀리 보면 모두가 발전과 성장을 위한 것이긴 하지만, 그 과정에 소모적인 논쟁도 없지 않다.

이런 수많은 갈등도 '갈과 등'처럼 성장을 위한 갈등이었으면 하고 바라는 것은 나만의 과욕일까?

마니산이 주는 선물

'산'의 고마움을 잊고 살기 일쑤다. 북악산과 남산이 그러하듯 강화의 마니산도 예외가 아니다. 전등사에 여러 번 들렀지만, 영산(靈山)이란 그 산을 한 번도 찾아보지 못했는데 이메일을 받는다.

강화도에 사는 친구의 초청이다. 서둘러 석모도에 닿는다. 단풍을 보고자 마니산(摩尼山, 472m)에 오르잔다. '절경지'란 말에 은근히 기대하며 그의 뒤를 따른다.

상방리(上坊里) 매표소에서 계단 길로 들어선다. 가을의 중심 달 시월의 햇살이 붉게 물든 단풍잎에 내리쬔다. 아침 이슬에 젖은 잎들이 방금 세수한 얼굴처럼 반질반질하다. 맑은 공기에 파란 하늘, 이만한 가을 날씨도 드물지 싶다.

'툭' 소리가 난다. 다가가니 막 떨어진 도토리다. 새끼손가락 끝마디만 한 크기에 초콜릿처럼 짙은 갈색빛이 돈다. 탱글탱글한 얼굴, 뒤집어 보니 아래쪽은 맑은 베이지색이다. 이런 열매를 깍지로 에워싸서 키우고 익혀 온 어미 나무가 장하다. 그렇게 알뜰히 살기에 참나뭇과에 속한 상수리나무이지 싶다. 밤송이가 널브러져 있다. 밤나무 가지엔 송이송이 입을 벌려 내리는 햇살에 열매를 익혀가고 있다. 바닷바람에 익은 밤이라서 그럴까. 생밤을 주워 까먹는 맛이 유별나다.

영산엔 이토록 나무들이 봄에 잎 달고 여름에 꽃 피우고, 가을에 알알의 열매를 익히고 있다. 물론 대를 잇고자 열매를 맺겠지만, 더러는 익혀서 떨어뜨려 산짐승의 먹이로, 인간의 먹을거리로 내어주고 있다. 그러한데 이 가을에, 내 인생 가을에 나는 무슨 열매를 달아 익히고 있는지 의구심이 인다.

그런 자책감을 느끼며 걷다 보니 어느덧 참성단(塹城壇, 사적 136호)에 올라선다. 성스러운 기운이 돈다. 백오십 살 소사나무 아래 돌로 쌓은 둥근 기단(基壇) 위에 네모진 커다란 제단이 있다. 단군이 개국하고 하늘에 제사를 지냈다는 단이다. 삼국시대 이래 임금이 백성과 더불어 국태민안(國泰民安)을 기원하며 제를 올렸던 곳이다. 지금도 해마다 강화군청 주관으로 개천 대제(大祭)를 지내고, 전국 체전 때는 성화를 채화(採火)하는 신성한 제단이다. 이처럼 마니산에 참성단이 있어 우리가 평안한 삶을 누리지 싶다.

단풍잎이 비 오듯 내리는 제단 앞이 절경이다. 저 멀리 산자락 아래 바둑판처럼 정지(整地)된 황금 들녘, 그 너머로 출렁대는 물결 위에 떠 있는 섬과 섬들. 산과 들과 바다의 경관이 눈 앞에 펼쳐진다. 끝없이 아득한 바다에서 밀려오는 푸른 물결에 비치는 햇살이 황금처럼 반짝인다. 대여섯 척의 어선이 떠 있는 그림 같은 전망이다. 아침에 이곳 오는 차 안에서 읽었던 시구가 실감을 느끼게 한다. 인하대 서영대 교수가 기술한 이강(李岡, 고려 공민왕 때 인물)이 읊었던 참성단 시구. “눈은 천 리 밖을 바라보며 몸은 구중(九重) 하늘에 있는 듯하다(己得眼看千里地 況疑身在九重天).” 이곳 참성단 절경을 잘 형상화한 시다. 이처럼 경치가 빼어나고 성스럽기 그지없는 사적지를 이제 찾은 내가 민망하다. 게으른 자신이 아닌가.

사진을 찍으며 주위를 돌고 있으니 친구가 “인제 그만 내려갑시다”라며 채근한다. ‘함허동천(涵虛洞天)’이란 안내 표시판을 따라 걸으니 머루 · 다래를 따러 다니는 사람들도 눈에 띈다. 바람이 불 때면 나뭇잎이 우수수 떨어진다. 선선한 공기를 마셔서인지 여느 단풍보다 곱게 보인다.

40여 분 내려오니 산속 계천 물이 콸콸 흐른다. 맑디맑은 물이다. 친구가 일러준다. “산도 겨울을 나려고 제 몸의 물을 덜어낸다.”라고. 그 물을 일컬어 추수(秋水)라고 한단다. 바다가 가깝게 보여서 합류하려는 추수일까. 비가 오지 않았는데도 물이 제법 많다.

떨구고 덜어내는 계절, 마니산이 품은 상수리나무 · 밤나무 · 단풍나무 등이 제 잎과 열매를 떨구고 있다. 산마저 겨울에 얼지 않고자 제 몸의 물기를 덜어낸다. 겨울나기 준비에 온 산이 바쁘다. 인생 겨울을 살아갈 나는 무엇을 얼마나 떨구고 덜어내야 할지를 생각하게 한다.

영산이 선물을 준다. 봄여름에 열매를 달아, 가을에 익혀, 떨구고 덜어내야 할 깨우침을, 서해의 절경을, 그리고 참성단이 있어 우리의 평안한 삶을. 고마워서인지 내려오면서 몇 번이나 마니산을 흘긋흘긋 되돌아본다.

청령포를 찾아서

가을 햇살 고운 아침, 영월행 관광버스에 오른다.

단풍철이라 여러 동아리에서 설악산 · 속리산 가자는 안내장을 받았지만, 이를 마다하고 청령포(淸冷浦)로 향하는 데는 까닭이 있다. 학창 시절, 그러니까 열다섯 살 때 마음 졸이며 〈단종애사〉를 몇 번이나 읽었다. 단종은 내 나이보다 어린 12살 때 왕위에 올라 부럽기도 했지만, 영월로 귀양 간 애절한 사연이 가슴을 울렸다.

그때부터 그 유배지를 꼭 한번 찾아보고 싶었다. 그랬는데 기회가 왔다. 전(前) 직장 동우회(KOTRA)로부터 '추계 역사 탐방' 안내장을 받았다. 행선지가 단종 유배지였다. 황금벌판을 가르며 달리는 차 안에서 읽었던 그 애사를 다시 떠올린다.

비운의 주인공 단종은 문종의 외아들로 태어나 어린 나이로 조선의 6대 왕에 올랐다. 단종 원년(1453)에 왕의 보좌 세력을 살해 · 제거한 계유정난*을 일으켜, 실권을 쥔 숙부 수양대군에게 재위 3년(1455) 만에 왕위를 찬탈당했다. 상왕(上王)으로 물러난 그 이듬해 성삼문, 박팽년, 하위지 등의 집현전 학사가 왕위 찬탈에 분개하여 단종 복위를 꾀하다 발각됐다. 연루된 신하들이 참혹한 죽임을 당했다. 이때 순절한 여섯 충신이 사육신(死六臣)이었다.

그때 단종의 왕위 찬탈에 항의하며 벼슬을 버리고 낙향하여 불사이군(不事二君)의 절개를 지킨 김시습, 이맹전, 원호 등의 여섯 신하를 생육신(生六臣)이라 불렀다. 이 열두 신하는 왕권의 정통성을 계승하고자 왕실의 불의(不義)에 항거하여 벼슬을 버리거나 죽임을 당했다. 그런 신하들의 충절을 우리는 본받아야 하지 않을까.

그 사육신 사건의 여파로 단종은 상왕에서 노산군(魯山君)으로 강등돼 첩첩산중 청령포에 유배됐다. 이때 중추부사(中樞副使) 노득해가 거느리는 군졸 50인의 호위를 받으며 말과 가마를 바꿔 타는 7일간의 먼 귀양 길. 그 유배지 청령포는 육지의 고도(孤島)였다.

3면이 세찬 강물인 데다 뒷면에 험준한 암벽이 솟아 있어 배를 타지 않고는 출입할 수 없는 오지였다. 이런 곳에 단종을 호송하고 나서 한양으로 돌아가던 금부도사* 왕방연(王邦衍)은

울적한 심정을 금할 수 없어 청령포 강가에 앉아 자작 시조 단장가(斷腸歌)를 읊었다.

천만리 머나 먼 길에 고운 님 여의옵고
내 마음 둘 데 없어 냇가에 앉았으니
저 물도 내 안(마음) 같아야 울어 밤길 예놋다.

그 강가에 버스가 멎는다. 유배 당시의 단종처럼 나룻배를 타고 서강(西江)을 건넌다. 배가 닿는 곳이 자갈밭이다. 그 길 따라 솔나무 숲 속으로 들어서니 그때의 유적이 여기저기에 남아 있다. 어소(御所)의 본 채, 궁녀와 관노(官奴)들이 기거하던 사랑채가 유배 생활상을 보여 준다. 솔밭 가장자리에는 귀양 사실을 알려 주는 비각과 접근을 제한한 금표비(禁標碑)가 서 있다.

단종의 슬픔을 보고 들었다는 600년 된 관음송(觀音松)이 남아 있고, 그 옆길을 따라 오르니 단종이 아침저녁으로 한양을 바라보며 시름에 잠겼다는 노산대(魯山臺)가 암벽 위에 우뚝 서 있다. 그 아래쪽에는 한양에 두고 온 왕비를 못 잊어 산에 있는 막돌을 손수 주워 쌓아 올린 망향탑이 가슴을 저미게 한다. 그 돌 하나하나에 그리움과 눈물이 배었다고 한다.

하늘도 무심치 않았던지 유배된 그해 8월 장맛비가 쏟아졌다. 청령포가 물에 잠기자 영월 부사가 시내 중심지 객사(客舍)

관풍헌(觀風軒)으로 거처를 옮겼다. 그곳을 찾아가니 단종의 영정을 모시고 있는 영월 보덕사(報德寺)의 포교당으로 쓰이고 있다. 단종은 여기에 머무는 동안 거처 동쪽에 있는 자규루(子規樓)에 자주 올라 피를 토하며 운다는 소쩍새와 자신의 처지를 빗댄 시를 읊었다. '자규시'다.

한 마리 원한 맺힌 새가 궁중을 떠난 뒤로
외로운 몸 짝 없는 그림자가 푸른 산속을 헤맨다.
밤이 가고 밤이 와도 잠을 이루지 못하고
해가 가고 해가 와도 한은 끝이 없구나. (……)

그러던 날도 길지 않았다. 여기로 옮겨온 지 두 달 만에 경상도 순흥(지금의 영주)에 유배됐던 숙부 금성대군이 또다시 단종 복위를 모의하다 밀고로 발각됐다. 이에 자극받은 세조가 후환을 없애기 위해 노산군을 서인(庶人)으로 강등하고 사약을 내렸다. 꽃 한 번 제대로 피워 보지 못하고 응어리진 한을 안고 쓰러진 단종은 한양을 향한 그리움을 피로 쏟아내며 숨을 거두었다. 열일곱 나이였다.

그날 저녁 단종의 시신이 동강에 버려졌다. 그 시신을 거두는 이는 3족을 멸한다는 명 때문에 후환이 두려워 수습하는 이가 없었다. 백성들은 그저 슬퍼할 뿐이었다. 그러나 의인(義人)은 있었다. 당시 영월 호장(戶長 · 마을 이장) 엄흥도(嚴興道)가야음을 틈타 몰래 시신을 거두어 그의 선산 동을지(冬乙旨) 산기슭에 모시고 문책이 두려워 종적을 감췄다.

그로부터 60년이 지난 중종 11년(1517)에 단종의 묘를 찾으라는 어명이 내려졌다. 그리고 숙종 24년(1698)에 묘호(廟號)를 단종 왕릉으로 추증하고 암매장됐던 그곳에 봉분하여 장릉(莊陵)이라 불렀다. 그래서 순조 33년(1833)에 엄흥도는 충신이 되어 공조판서로 추증됐다. 그의 정려각(旌閭閣)이 장릉 안에 세워졌다. 용감했던 그 사람. 위기가 기회가 되었던 교훈이다.

그때의 정쟁(政爭)에 의한 아픔과 슬픔은 단종에게만이 아니다. 역사의 그늘에 묻힌 정순왕후(定順王后) 또한 우리의 심금을 울린다. 열다섯 나이에 왕비로 책봉됐다. 그러나 단종이 상왕으로 왕위를 물러나자 이름뿐인 의덕대비(懿德大妃)에 올랐다. 세조 3년(1457) 사육신의 단종 복위 사건으로 노산군 부인으로 강등시켜 궁궐에서 추방했다.

갈 곳 없는 그녀는 지금의 서울 종로구 숭인동 성문 밖에 초가삼간을 짓고 동냥과 염색 일을 해 가며 끼니를 이었다. 낭군 잃은 한을 가슴에 품고 아침저녁 소복 차림으로 집 가까이 있는 동망봉(東望峰)에 올라 영월 쪽을 바라보며 통곡을 했다. 그녀의 울음소리가 들려오면 마을 여인들도 함께 땅을 치고 가슴을 치며 동정곡(同情哭)을 보냈다. 그런 생활로 82세(1521)에 한 많은 생을 마쳤다.

중종이 대군(大君)* 부인의 예로 장례를 지내게 했다. 그러나

후사(後嗣)가 없어 단종의 누이 경혜공주의 시집인 정씨 집안의 묘역(경기도 남양주시)에 묻혔다. 그 후 단종이 복위되면서 정순왕후로 추봉되어 능호를 사능(思陵)이라 하였다. 평생 단종을 그리며 생각하고 살았다 하여 붙여진 능호다.

이 사능과 더불어 기구한 운명의 정순왕후는 또 하나의 유적을 남겼다. 서울 황학동 청계천을 가로지르는 다리다. 꽃다운 18세의 부인이 이 다리에서 영월로 귀양 가는 17세의 낭군과 애끓는 이별을 했다. 그래서 이 다리가 영영 돌아오지 못하는 다리가 되어 영도교(永渡橋)라 부른다. 여기서 헤어진 부인은 숭인동 동망봉에서, 낭군은 영월의 망향탑에서 서로 상대쪽을 바라보며 밤낮으로 그리워했건만, 영도교에서 헤어진 후 단 한 번도 만날 수 없었다. 이별한 지 549년, 왕과 왕후로 복위된 지 308년이 지났다.

한동안 끊겼던 영도교가 청계천 복원으로 다시 이어졌다. 이 다리를 건너는 사람들은 단종과 정순왕후의 애달픈 작별을 되새기며 그때 복위 사건으로 희생된 충신들의 절개도 그릴 수 있게 되었으니 다행히 아닌가 싶다. 그러나 영도교는 이어졌지만, 비운의 두 사람은 아직도 영월과 남양주에 따로 누워 있다. 왕릉으로 추증된 후 합장이 논의되었으나 '역사의 유적은 그 현장에 있어야 한다.'라는 것이다. 그러고 보니 그렇긴 하나 단종과 정순왕후는 살아서도 죽어서도 '왕위' 때문에 희생된 삶이었다.

오늘 단종의 원한 맺힌 유적지를 찾아봤다. 그의 일생은 '단종애사'라기보다 '단종통사(端宗痛史)'다. 12살 어린이를 왕좌에 앉히고 그 자리를 숙부가 박탈하고, 유배 보내 사사(賜死)시키고, 그리고 땅속에 묻힌 지 240여 년이 지난 후에 복위시켰던 쓰라린 정쟁(政爭)의 역사. 다시는 그런 자리다툼이 되풀이되지 않았으면 싶다. 하지만 오늘날에도 권력 잡기 정쟁은 계속되고 있다. 당과 파벌, 주류와 비주류, 보수와 진보 등의 편 가르기와 권력 창출을 위한 행보에 소신들을 버리고 시류(時流)에 편승하여 이합집산하는 악순환의 현실이다.

이런 분열과 반목의 다툼이 정치만이 아니다. 살아가는 우리네 주변에 크고 작은 단체나 모임에서도 이와 유사한 자리다툼이 이어지고 있다. 강자가 약자를, 윗사람이 아랫사람을, 후배가 선배의 자리를 탐하거나 누명을 씌워 몰아내는 사례가 어디 한두 건이겠는가.

정권 쟁취가 정치의 목표가 되거나, 자신의 영달을 위해 남을 희생시키는 그런 일들이 다시는 없어야겠다는 것이 아픈 역사가 주는 교훈이다. 한 맺힌 단종과 정순왕후, 그리고 참혹하게 희생된 충신들의 영혼을 달래 줄 책무가 우리에게 있다. 같이 갔던 동우회 회원들도 그렇게 생각했을 것이다.

*계유정난(癸酉靖難): 조선 단종 원년(1453)에 수양 대군이 왕의 보좌

세력인 원로대신 황보인 · 김종서 등 수십 명을 살해 · 제거하고 정권을 잡은 사건

*금부도사(禁府都事): 조선 시대에, 의금부에 속하여 임금의 특명에 따라 중한 죄인을 심문하는 일을 맡아보던 종5품 벼슬

*대군(大君): 조선 시대에, 임금의 적자(嫡子)를 이르던 말, 또는 그에게 준 벼슬

조청에 담겨 온 정

정성 들여 만든 음식은 선물을 받아도 설렌다. 더욱이 어머니의 손맛을 이어받은 조청(造淸)이기에 더 정겹게 느껴진다.

고향 여동생이 보낸 택배다. 인조(人造) 꿀로 불리는 수수조청, 맥아당(麥芽糖)이 많아 당도 높은 열원(熱源) 식품이다. 족히 석 되는 됨직한 플라스틱 통에 들어 있다. 내가 아침에 선식한다는 소식을 전해 듣고 보낸 정성스러운 조청, "떡이나 빵에 찍어 먹으며 건강을 챙겨야 합니다."란 메모까지 써넣은 선물이다.

어릴 적 즐겨 먹던 조청. 그때만 해도 군것질할 게 별로 없고 사탕과 과자가 귀했던 시절, 가을걷이가 끝날 때쯤이면 어머니가 고아 주셨다. 다른 식구들에겐 맛만 보이고 아껴가며 벽장에 넣어 보관하셨다. 아침저녁으로 한 숟가락씩 떠 주시거나 떡에 찍어 먹게 하셨던 어머니의 '맏이 건강 챙기기' 간식이었다.

그랬던 조청인데 공부와 직장 생활로 도시에 전전하게 돼 그 맛을 잊었다. 그랬는데 어머니의 그 정성과 정을 이어받은 여동생이 고아 보낸 조청을 받았으니 어찌 설레지 않았을까? 어머니를 다시 만난 듯 반가웠다.

손이 많이 가는 조청을 만들고자 얼마나 애를 썼을까? 손수 씨 뿌려 수확한 수수 열매를 하룻밤 물에 불려 빻은 가루에, 엿기름을 풀어서 서넛 시간 발효시킨다. 그런 다음 찌꺼기는 걸러내고 원액을 가마솥에 붓는다. 눋지 않게 저으며 대여섯 시간 달인 조청이다. 짐작건대 평소에도 입버릇처럼 말하던 "부모님 세상 떠난 친정에 오빠가 건강해야 한다."란 말을 되뇌며 되뇌며 고운 조청일 거다.

동생의 정성은 조청만이 아니다. 그곳 청정 저수지에서 잡은 붕어를 고아 진액으로 보내오곤 한다. 그럴 때마다 "출가외인인데 친정에 잘하면 시집 식구에게 미움을 산다."고 말해도 곧이듣지 않는다. "내가 하고 싶어서 하는 일인데…"라고 자기 주장을 앞세운다.

그처럼 고집이 센 동생에게도 세월은 비껴가지 않았다. 어느덧 머리카락이 하얀 할머니가 되었다. 슬하에 두 아들을 결혼시켜 딴살림을 차려 주었지만, 큰애가 교통사고로 세상을 뜨게 돼 두고 간 어린 손자 뒷바라지가 만만치 않았다. 그뿐인가. 농사지으며 과수원 돌보고, 서너 마리의 소까지 기르고 있었으니 쉴 틈이 없는 나날이었다.

그런 바쁜 와중에 짬을 내어 고았으니 더욱더 고맙게 느껴진다. 짧지 않은 대여섯 시간, 가마솥 앞에 앉아 조청을 휘휘 저으며 '잘 고아야 한다.'라고 되뇌었을 여동생. 그렇게 '정을 고아' 보낸 조청이니 가슴이 뜨겁다. 요즘같이 주고받는 걸 셈하며 사는 세상에 밭에서 땀 흘려 가꾼 수수로 손수 조청을 고아 보낸 마음은 혈육의 연(緣) 때문일까, 아니면 대물림한 어머니의 그 정인가?

작은 체구에 마음은 어찌 그리도 넉넉한지. 밥을 비벼도 대접만 한 큰 양푼에 여러 가지 나물과 밥을 듬뿍 넣고 푸짐하게 비벼, 식구들과 나누어 먹는 태생적인 농촌 체질이다.

여인들의 옷차림도 세월 따라 변했건만 동생은 옛 모습 그대로다. 고집스럽게 소박한 차림이다. 지금도 나들이옷은 한복을 입는다. 풀 먹여 곱게 다린 치마저고리를 단정하게 입고, 흰 손수건을 손에 꼭 쥐고 걷는 품이 어머니 모습 그대로다.

옷차림만 이어받은 게 아니다. 어머니가 생전에 내게 하시던 말을 동생도 그대로 따라서 말한다. '큰애'라는 말 대신 호칭만 바꿔, "오라버니가 우리 집의 대들보인데 꼭 성공해야 합니다."라고. 무엇이 성공인지는 잘 모르지만, 남들처럼 돈을 많이 벌지도 못했으며, 그렇다고 내세워 자랑할 만한 게 별로 없는 오빠다. 그런데도 동생은 때때로 정을 담아, 어머니의 손맛을 담아 보내니 그저 고마울 뿐이다.

해마다 땀 흘려 농사지은 식품으로 밑반찬을 만들어 부친다. '고향의 향과 맛'이 듬뿍 밴 토속 밥반찬을. 여름이면 제피잎 절임, 가을엔 콩잎절임, 그리고 겨울이 다가오면 시금장*을 손수 담가 보낸다. 서울 사는 다섯 남매 몫몫이 봉지에 싼 가을걷이를 부쳐주는 후덕한 동생이다. 여동생 자랑도 팔불출이긴 하지만, 그래도 글로나마 쓰고 싶은 마음은 아마도 받기만 하고, 아무것도 주지 못한 내 '마음의 빚' 때문이 아닐까 싶다.

오늘 아침 밥상에도 그 조청이 올라 있다. 한 숟가락 푹 떠서 인절미에 조르르 떨어뜨린다. 떡 위로 퍼지는 달콤한 향미가, 어머니와 동생의 따뜻한 정감이 내 가슴에 스민다.

그 조청은 정성을 우린, '정을 고운 진액'이란 생각이 든다.

*시금상: 보리쌀을 갈아 엿기름에 삭힌 후 메줏가루, 무청, 풋고추, 당근 등의 채소를 넣고 마늘, 산초가루, 고춧가루 같은 양념을 혼합하여 1주일 정도 발효시킨 밥반찬.

글 한 편의 힘

봄이다. 남녘 바람이 살결을 간질인다. 어디론가 바깥바람을 쐬고 싶은데 메시지가 날아온다.

'꽃구경 가자'란 권유다. 평소 백석(白石, 본명 백기행, 1912~1996)의 시를 즐겨 읊는 K 시인으로부터다. 약속한 한성대입구역에서 만나 그의 뒤를 따른다. 삼각산 깊숙한 산자락을 밟는다. 오늘 아침에 핀 듯한 진달래와 개나리가 줄 선 그 길 따라 한참 걸으니 길상사(吉祥寺)다. 꽃처럼 환한 얼굴로 K 시인이 말문을 연다. "글 한 편의 힘이 얼마나 센지 들어 보십시오"라며.

백석 시인은 시를 잘 썼으며 그의 수려한 외모가 돋보였다.

장발에 코트 자락을 휘날리며 걸었던 멋쟁이였다. 그래선지 쇠락한 양반가의 딸로 열여섯 살 꽃나이에 진향(眞香)이란 기생 이름을 받은, 김영한(金英韓, 1916~1999)이 시인을 좋아했다. 1938년 백석은 그녀를 '자야(子夜)'라고 부르며 서울 종로구 청진동에 살림을 차렸다. 기생을 며느리로 들일 수 없다는 부모의 강한 반대로 28일 만에 헤어졌다. 집에서 정해준 다른 여인과 혼인하였으나 잊지 못한 자야를 다시 찾았다.

1940년, 백석은 자야에게 만주로 함께 떠날 것을 설득하였으나 끝내 거절한 그녀였다. 김영한은 백석을 잊고자 대원각(大苑閣)을 열었다. 언젠가 다시 만날 수 있기를 기대하며 밤낮없이 뛰었다. 그 열성으로, 사랑의 힘으로 우리나라 3대 고급 요정의 하나로 일궜다. 그토록 백석을 그리워하던 어느 날 우연히 '무소유'란 글을 읽는다.

법정 스님의 그 수필 한 편이 '큰 꽃'을 피우는 씨앗이 된다. 김영한은 대원각을 부처님께 보시하기로 마음먹는다. 그녀는 법정 스님에게 이 요정을 맡아 절로 만들 것을 청한다. 그러나 '무소유'를 생활신조로 여기며 몸소 실천하던 법정 스님의 뜻에 맞지 않아 사양한다. 8년여의 설득 끝에 1995년 6월 법정 스님은 김영한의 제의를 받아들여 송광사 말사(末寺, 대법사)로 등록하게 이른다.

이때 법정 스님은 김영한에게 길상화(吉祥華)란 법명을 내리고, 1997년엔 절 이름을 길상사로 바꿨다. "평생 모은 큰돈(7천여 평의 대지와 건물 40여 동)이 아깝지 않으냐"는 기자들의 질문에 "천억 원 재산이 백석의 시 한 줄만 못하다"란 말을 남겼다. 또한, 자신이 만지던 2억 원의 현금마저 백석 문학상 기금으로 내놓았다. 사랑이 깊으면 재산도 이리 초연할까. '글 한 편의 힘'은 이처럼 세었다.

가진 짐 다 벗어도 그리움은 눈처럼 쌓여갔다. 사랑도 쌓이면 병이 되는지, 길상사의 문을 연 지 2년 만에 세상을 떴다. 83세였다. 유해는 그녀의 유언에 따라 눈이 하얗게 쌓인 길상사 뒤쪽 언덕에 뿌려졌다. 그 자리에 '무소유'를 스스로 실천한 김영한의 돌비를 세웠다. 시주(施主) 길상화의 공덕비였다.

그녀가 세상을 떠난 49재 날, 그해의 첫눈이 내렸다고 한다. 우연이 아니었다고 전한다. 백석의 대표 시 〈나와 나타샤와 흰 당나귀〉에서 '눈이 푹푹 나린다'라고 하였으니 그 시 속의 나타샤는 바로 자야, 김영한이다. 푹푹 나리는 눈과 49재 날의 눈은 두 영혼의 만남이 아니었을까.

가난한 내가
아름다운 나타샤를 사랑해서
오늘밤은 푹푹 눈이 나린다

나타샤를 사랑은 하고
눈은 푹푹 날리고

나는 혼자 쓸쓸히 앉어 소주를 마신다.
소주를 마시며 생각한다
나타샤와 나는
눈이 푹푹 쌓이는 밤 흰 당나귀 타고
산골로 가자 출출이 우는 깊은 산골로 가 마가리(오두막)
에 살자

눈은 푹푹 나리고
나는 나타샤를 생각하고
(……)

오늘 뜻밖에 길상사의 내력을 소상히 들은 나는 감동한다. 참으로 '사랑의 힘이, 글의 힘'이 세다는 것에, '무소유'를 실천한 김영한의 결단이 옳았다는 것에, 삼각산에 시들지 않은 '큰 꽃'을 피웠다는 것에.

절 주위와 김영한의 공덕비를 돌아보고 경내에 들어선다. 긴 세월 이 절의 내력을 지켜본, 260살 느티나무가 온몸으로 우리를 반긴다. 봄처럼 살다간 '큰 꽃'의 주인공은 다 떠났지만, 은은히 들려오는 목탁 소리가 또 하나의 봄을, 게으른 나의 글쓰기를 일깨운다. '글 한 편의 힘'은 이처럼 세다.

길상사를 낳았다. 부지런히 잘 써 봐야겠다.

지문이 다 닳은 줄도 모르고

오랫동안 많이 쓰면 닳는 게 당연하다. 지극히 당연한 걸 모르는 채 무모하게 살아온 자신. 나의 식별 증표, 지문이 다 닳았단다.

영등포구청에서다. 여권 신청서를 담당자에게 건네자 지문 검증(2010년부터 시행)을 해야 한다며 지문인식기를 가리킨다. 엄지손가락 집게손가락 등 열 개 손가락 끝마디 앞면을 차례로 그 인식기에 다 올려 봐도 담당자가 고개를 갸우뚱한다.

"지문이 없습니다."

"그래요?"

"나이 든 사람 중 손가락을 많이 써, 지문이 다 닳은 분이 더러 있습니다."라며 직계 가족을 묻는다. 큰애부터 막내까지 이름을 줄줄 답해주니 컴퓨터에서 나의 가족관계 원부를 보고 있던 직원이 신원을 확인한 듯 여권 신청서를 접수해 준다.

"고맙습니다."

구청을 나서며 스스로 의아해한다. '왜 지문이 없을까?' 농장에서 밭일을 많이 해서 그럴까, 나이가 들어서일까, 아니면 타자기와 컴퓨터 자판을 많이 두들겼기 때문일까?

하기야 나이도 나이려니와 남달리 일찍부터 손가락 끝마디 앞면을 많이 썼다. 열일곱 살 때부터 텔레타이프 키보드(Keyboard, 자판)를 두들겼다. 1954년 2월, 국립 체신학교를 졸업하자 광화문에 있던 국제전신전화국(KIT)에 배치됐다. 주 업무가 외국과 교신하는 통신이었다. 전보, 은행 신용장, 특파원 외신기사 등을 텔레타이프 자판 글쇠를 쳐서 송신(送信)했다.

군 복무 중에도 영문 타자를 했다. 카투사(KATUSA)로 미군 병기창에서 인사와 보급업무를 담당하면서 늘 타자하는 게 일이었다. 제대 후 코트라(KOTRA)에 들어갔다. 해외무역관 근무를 하면서도 줄곧 타자기 자판을 두들겼다. 날마다 무역정보와 시장조사보고서를 타자하여 본국에 보내곤 했다.

그뿐만이 아니다. 퇴직 후에도 글을 쓴다. 쓰는 게 아니라 밤낮으로 컴퓨터 자판을 두드린다. 이에 더하여 요즘엔 짧은 메시지까지 휴대전화 자판을 쳐서 보낸다. 그러고 보니 오랫동안 손가락 앞면을 자판에 쳐 댔다. 무려 칠십 년 가까이 '손가락 얼굴'을 두들겼으니 당연한 귀결이 아닌가. 돌인들 쇠인들 닳지 않았을까?

열 손가락을 그토록 혹사하고도 고맙게 여겨본 적이 없다. 남들처럼 손 마사지는커녕 크림도 자주 발라주지 못했으니 그저 미안하다. 밤낮으로 '너의 얼굴'을 두들겼지만 싫은 기색 한 번도 보이지 않았던 손가락. 그저 너를 쳐 내 할 일만 챙겼으니 이런 배은망덕이 어디 있나! 지문이 다 닳아도 그 사실을 모르고 있었으니. 이 나이에 지문이 얼마나 귀한지조차 인식하지 못했으니.

공자의 말씀이 떠오른다. "우리의 몸은 부모로부터 받은 것이니, 훼손하지 않는 것이 효도의 시작이며, 출세하여 후세에 이름을 날려 부모를 드러내는 것이 효의 끝이다"라고 하였다(身體髮膚 受之父母 不敢毁傷 孝之始也, 立身行道 揚名於後世 以顯父母 孝之終也).

그러한데 부모로부터 물려받은 나의 고유한 식별 무늬, 지문이 다 닳도록 손가락을 두들겨 이룬 게 무엇일까. 남달리 성취한 것도 없이 평생 변하지 않는다는 지문만 없앤 게 아닐까. 소탐대실(小貪大失)이지 싶다.

'손가락 얼굴'을 다 잃은 상실감과 부끄러운 마음이 든다. 마모된 그 지문을 어디서 찾을 수 있을까. 다시 한번 볼 수도, 복원할 수도 없으니 이 일을 어찌하면 좋을까? 물려받은 증표 하나 제대로 간직하지 못한 채 두서없이 살아온 자신. 부모님께 이 이상의 불효가 또 있을까. 면목 없는 자식이다.

가여운 내 손가락. 오랫동안 남달리 혹사하여 마모된 내 지문. 안타까워 닳은 자리를 어루만져 본다. 지문은 사람마다 다르고 평생 변하지 않는다(萬人不同 終生不變)는데 밋밋하고 매끈하다. 살갗 무늬 하나 감지되지 않는다. 몇 년 전까지만 해도 도장 대신 지장(指章)을 찍곤 했는데 이제 그것마저 실효(失效)한 나의 생체 정보, 어디론가 가 버린 나의 정체(正體), 바위처럼 무신하고 둔감했던 자신이었다.

굽이굽이 거친 인생 여정에 지문이 닳지 않게 살아갈 수는 없겠지만, 자신의 존재를 식별할 만큼의 지문을 보존할 책임은 내게 있다. 그러한데 '나는 내 지문을, 인식 증표를 사랑하지 않았는지, 않았는지?' 분별없이 살아온 자신이 측은하게 느껴진다.

인생 면허 1종으로

"1종 면허 갱신은 안 됩니다."

창구 직원이 컴퓨터 화면을 읽으며 하는 말이다. 강서 면허 시험장에서다. 작년에 정기 종합검진 받은 나의 시력이 1종의 기준에 못 미친다고 한다. 양 눈의 시력이 0.8 이상이 되지 않아, 2종 면허로 내려가야 한다고 일러준다. '이상한 일이다.' 별 신경 쓰지 않고 검사받았던, 내 시력 검사 결과가 왜 이 면허시험장 컴퓨터에 와 있을까. 개인 신상 정보가 아닌가? 그러나 '을'의 입장이기에 따지지 않고 머뭇거리니 그 직원이 말한다.

"본인이 희망하시면 시력검사를 다시 받을 수 있습니다." "그래요!" 하며, 희망을 품는다. "시력 검사를 다시 받겠습니다."라며 신체검사장으로 걸어간다. '시력이 이렇게 나빠졌을리가 있나?'라는 의구심을 가지며 검사료 5천 원을 낸다.

시력검사대에 선다. 눈가리개를 좌우 눈으로 바꿔가면서 검사원이 집는 글자를 바라본다. 0.7 밑으로의 글자는 읽을 수가 없다. 'ㄷ' 자가 'ㄹ' 자로 보이기도 하고, 숫자 '3'이 '9'로 보이기도 한다. 다시 한번 해 보겠다며 눈을 비벼가면서 시도했으나 결과는 마찬가지다.

'오른쪽 눈 0.5, 왼쪽 눈 0.4'란 시력 검사표를 손에 들고 망설인다. 1종의 미련 때문이다. 10년 무사고로 발급받았던 그 면허는 나의 자랑거리였다. 몇 번인가 12인승 승합차에 가족들을 태우고 운전할 때 느꼈던 그 뿌듯함이 떠올라서다. 동생들의 차를 편승했을 때 거칠게 운전하면 내 면허를 꺼내곤 했다. 10년을 무사고로 운전해야 이런 면허를 가질 수 있다고 보여주던 그 1종이다.

나를 일깨워주기도 한 1종이었다. '2종 면허 가진 이보다 더 잘 운전해야지, 가다가 이 길 저 길 차선을 자주 바꾸지 않아야지, 가는 길로 반듯하게 가야지, 내 인생길도 그래야지' 하는 자각심을 일게 했다.

하지만 이제 그 1종 면허를 다시 가질 수 있는 대안이 없다. 하는 수 없이 접수창구로 돌아간다. 담당 직원에게 시력검사표를 건넨다. 2종 면허를 발급받는다. 그 면허를 손에 쥐니 서운하다. 노안(老眼)으로 운전면허 등급이 떨어진 게 안타깝다. 이제 더는 1종 면허의 긍지를 가질 수 없으니 서글픈 생각이 든다.

집으로 돌아오면서 몇 번인가 새 면허를 꺼내 보며 고개를 갸웃거린다. 5년 전에 두 눈이 1.2였는데 그동안에 수정체(水晶體) 조절력이 이렇게 떨어졌을까. 평소에 의식하지 못했던 시력의 노화(老化)다. 아쉽다. 세안제(洗眼劑)로 눈을 씻고, 검사를 받아볼 걸 그랬다는 후회가 된다. 사후 약방문이다.

인제 와서 어찌하겠는가. 나이 들어 시력이 떨어진 것을. 노화되어 가는 것을. 앞으로 내 눈이 지금보다 더 나아질 가능성이 없는 것을. 눈은 육안(肉眼)뿐일까. 보이지 않은 내면을, 연인의 속마음을 무엇으로 읽을까? 번뜩 스친다. 마음의 눈, 심안(心眼)이란 말이. '그래, 심안이다.' 겉만 보는 육안은 더 좋아질 수 없을지라도 감정을, 내면을 읽는 심안은 열어갈 수 있지 않겠는가. 잃은 육안의 시력을 심안에서 다시 찾아야겠다.

지금까지 겉만 보고 속을 간과하였던 내면을 꿰뚫어 보는 눈을 떠야겠다. 사물의 가치와 옳고 그름을 식별하는 심안의 시력을 1.2로 높여가야겠다. 과욕일지 모르지만, 이참에 마음으로 운전하는 내 인생 면허를 1종으로 바꿔가야겠다.

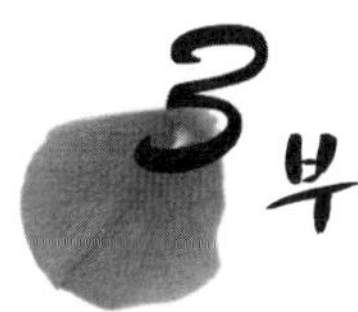

스타벅스 가는 길

인두

한국산

소 타던 정승

새들이 내 얼굴을 보고 있다

막사발

산, 어머니의 품 같은

묵은 갈대

스타벅스 가는 길

큰애 집 가는 길, 가슴이 설렌다. 겨울 볕 따스한 오후, 샌프란시스코 공항을 벗어난 차는 그의 집 앞뜰에 멈춘다.

산호세(San Jose) 남쪽 한적한 주택단지, 실버 클릭 밸리(Silver Creek Valley)다. 골프장 풀 냄새가 물씬 풍긴다. 현관 양쪽의 키 큰 삼나무가 바람에 너울거리며 반겨준다. "이 주택단지 안에선 작은 집에 속하지만 네 식구가 살기엔 적당한 규모"라고 아래위층에 다니며 설명한다. "모기지론(Mortgage Loan · 주택담보 대출)으로 샀지만, 우리 집이라 생각하니 정이 듭니다."라는 며느리의 밝은 표정이다.

십여 년간 큰애의 직장 따라 뉴욕, 샌디에이고, 미시간 앤오버 등지의 좁은 임대주택에서 살다가 이제 제집을 마련하였으니 오죽 기쁠까. 그래서 집들이 겸 크리스마스 연휴를 함께 보내자며 우리 내외를 초청하였다.

가져온 짐을 정리하고 정원을 둘러보고 있는데 큰애가 말한다. "쇼핑센터에 들러 싱싱한 과일도 사고, 아버지가 좋아하시는 스타벅스(Starbucks) 커피도 마십시다."라며 앞장선다. 두 손녀의 손을 잡고 한참 걸으니 저만치 낯익은 커피숍 간판이 눈에 띈다. 같이 온 가족이 쇼핑하는 동안, 큰애와 커피를 마신다.

마주 앉은 그를 바라보니 어느덧 중년이다. 벌써 얼굴에 주름이 생기기 시작한다. 하긴 두 아이의 아빠, 한 가정의 가장으로 만만찮은 짐을 지고 있다. 오늘이 있기까지 지난날의 추억이 어렴풋이 떠오른다. 30여 년 전, 그가 서울 광희중학교 1학년 때, 내가 로스앤젤레스무역관 근무 명을 받아, 동반 가족으로 미국에 오게 되었다.

영어 한마디 제대로 알아듣지 못하는 그를 Mark Kepple중학교 2학년에 편입학시켰다. 낯선 금발(金髮) 여선생에게 잘 부탁한다는 말을 남기고 돌아서는 나의 손을 잡고 눈물을 흘리던 그였다. 그 학교에서 1년도 채 다니지 못할 때, 이제 겨우 친구라도 사귈 만할 즈음, 나는 또 뉴올리언스무역관 신설 명을 받았다.

옮겨 사는 것이 운명인가. 승용차에 가족을 태우고 장장 5일간 프리웨이(Freeway)를 달리는 긴긴 부임길이었다. 큰애는 "가는 곳이 남쪽인데 흑인 학생이 많지 않겠습니까?"라며 차창 밖으로 루이지애나주의 넓은 목화밭을 내다보곤 했다. 어렵사리 뉴올리언스에 도착하여, 현지 Bonnabel High School에 전입학시켰다.

학교 정규 과정 외에 별도의 통신교육을 받아야 했다. 월반하여 현지에서 계속 수학하기 위해서였다. 나의 귀국 예정일이 가까워져 오는데, 대학 재학생이 아니면 유학 수속이 되지 않았기 때문이었다. 그런 과정을 거쳐 어렵게 현지 주립대학교에 입학시킨 후, 천여 달러의 저금통장 하나 건네주고 귀국하는 나의 뒤를 물끄러미 바라보던 그였다.

전공이 레이저 공학이라 밤낮으로 캄캄한 지하 연구실에서 '빛'과 씨름하기 5~6년, 그래서 받은 학위를 손에 들고 뉴욕주립대학, 샌디에이고 캘리포니아대학에서 박사 후 과정을 이수하면서의 어려움이야 이루 다 말할 수 있겠는가. 1991년 어느 날, 뉴욕 출장길에 들른 그의 집. 제 아내와 딸, 세 식구가 좁은 방에 식탁 하나 덩그러니 놓고 생활했다. 젊었을 때 고생을 해봐야 세상 물정을 안다며 애써 모르는 척했던 그 시절의 아픔이 가슴을 울린다.

바로 그때다. 큰애가 마시던 커피잔을 비우며, 집에서 이곳 스타벅스까지가 산책 코스(2.5km)란다. 아침저녁으로 운동 겸해서 걷기를 권한다. 스타벅스 커피도 즐기시며 책도 읽으시고….

그다음 날 아침, 아내는 이른 새벽에 일어나 앞뒤 정원을 돌며 마른 가지를 자르고, 나무뿌리에 흙을 돋우고, 보라는 듯이 잡초를 뽑아 쌓아놓았다. 흐뭇해하는 아내의 표정을 읽으며. 큰애가 말해 준 산책 코스에 들어선다. 산뜻한 향기가 풍긴다.

길 양쪽에 로즈메리꽃이 덤불처럼 엉클어져 있다. 한겨울인데도 잎과 꽃이 제 색깔이다. 자연은 터를 가리지 않고 여기에도 꽃을 피웠다. 쑥부쟁이꽃들이 여기저기 피어있고, 호랑가시나무 열매도 빨갛게 익어가고 있다. 산호세 지역은 겨울철에도 눈과 얼음을 볼 수 없다더니 크리스마스가 다가오는데도 기온은 한국의 가을 날씨다.

주택단지가 내려다보이는 긴 언덕길, 숨이 차다. 큰애가 걸어온 지난날이 이런 길이 아니었을까. 아니, 이 길보다 더 가파른 언덕이었을 거다. 열세 살 때부터 낯선 외국 땅에서 어려운 생활을 해 오지 않았는가. 공부를 마치고 귀국하겠다던 그가 여기에서 결혼하여 한 가정을 이뤘다. 이제 미국에서 제일 크다는 레이저 회사의 중견 간부가 됐다. 샌드위치와 햄버거로 끼니를 때우며 푼푼이 모은 돈으로 집 보증금을 내고 제집을 마련했다. 작은 주택이긴 하지만, 그에겐 여느 고대광실에 못지않은 집이 아닐까.

어느덧 언덕 위다. 곧게 뻗은 평평한 길이다. '고개를 넘으면 평지가 있다.'더니 이제 큰애가 걸어갈 길도 이런 길이 아닐까.

멀리 보이는 파란 골프장, 그 아래에 들어선 유럽풍의 집들이 마냥 평화롭고 정겹다. 주택단지 한가운데쯤인가, 개천가 그 집이 먼저 눈에 들어온다. 한 발 걷고 내려다보고, 두 발 걷고 또 내려다본다. 자꾸만 자꾸만 그쪽으로 시선이 가는 것은 그에 대한 미안함인가. 아니면 집을 사면서 제 부모에게 한마디 상의도 없었던 것에 대한 서운함인가.

큰애가 제집을 마련했는데 내 가슴이 왜 이렇게 뜨거울까. 동창생 모임에 나갈 때면 제 자식 자랑하는 친구들에게서 고개를 옆으로 돌리곤 했는데, 지금 내가 그 모양이 아닌가. 하지만, 어쩌랴. '스타벅스 가는 길', 그 길은 그냥 흐뭇하고 뿌듯한 마음인 것을.

인두

동생 집 현관을 들어서는데, 녹슨 인두가 신발장 위에 걸려 있다. 멍하니 그것을 쳐다본다. 어머니의 유품이다. 그 인두는 생전에 어머니가 바느질할 때 화롯불에 달구어 가며 옷의 솔기, 모서리나 천의 구김살을 눌러 펴는 데 사용하셨다.

무쇠로 된 인두 바닥은 반반하고 끝부분에 손잡이가 달렸다. 그 손잡이는 나무를 깎아 끼운 것이다. 뾰족한 인두 머리는 한복의 옷깃 · 배래 · 도련 등의 정교한 곡선이나 바늘땀을 다리는 데 사용하였다. 그 인두 머리는 거무칙칙하게 녹이 슬었고, 손잡이 부분은 지나온 세월의 연륜만큼이나 때가 묻었다.

'이것이 어쩐 일로 여기에!'라며 어머니의 손때 묻은 그 인두에 시선이 머문다. 지난날의 갖가지 추억이 떠오른다. 반듯한 옷깃, 맵시 있는 한복 동정, 깔끔한 바느질 끝마무리엔 언제나 따라다니던 인두였다. 수십 년 동안 사용하여 인두 테두리 부분이 닳았다. 그 인두는 한복의 섬세한 곡선을 살리고 잘 보이지 않는 구석진 부분의 주름을 평평하게 다려서 제 모양을 잡아 주었다. 덕지덕지 때가 낀 인두 자루지만 어머니의 체온이 거기에 배어 있다. 그 인두 자루를 만지니 어머니의 훈기가 전해 오듯 따사롭다.

고향에서 중학교 다닐 때였다. 설이나 추석 명절이 되면 그 인두로 아홉 식구의 한복 깃이며 동정을 다리셨다. 뿐인가. 가족들의 아침 밥상을 차려 놓으시고, 밤새 내린 이슬에 촉촉이 젖은 아버지의 두루마기와 내 교복을 다리미와 인두로 반듯하게 다려 주셨다. 인두판을 양 무릎 위에 올려놓고 인두질하시던 그 모습이 눈에 선하다. 그렇게 다려주신 교복을 입고 집을 나서면 목도리에 전해 오는 따뜻한 온기(溫氣), 그것은 어머니의 포근한 사랑이었다. 지금도 그 따뜻함이 내 목에 남아 있는 듯하다.

그랬던 인두가 여기에 있었구나! 어머니는 저세상으로 떠나셨지만, 그 인두 자루에 어머니의 손 땀이 남아있지 않는가. 평생 다리미와 인두를 곁에 두고 살아오셨는데, 이제 그 인두가 주인을 잃고 쓸쓸하게 벽에 걸려 있다. 민속박물관에 내놓아도 손색이 없을 만큼 오래된 인두다. 어머니가 신접 세간으로 마련하셨던 것이니 어언 80년도 더 됐다. 어머니와 함께 인고의 세월을 지켜온 인두다. 그 인두에는 남편과 자식을 위한 희생과 정성이 서려 있다.

그래서일까. 그 인두를 손으로 만지작거리고 있는데 옆에서 있던 동생이 말문을 연다. 고향을 떠나오면서 어머니가 손수 가져온 것으로 오랫동안 고이 간직하시고 안양, 서울로 이사 다니면서 그것을 신줏단지 모시듯 챙기셨다고 한다. 아마도 명절 때 친손들의 한복 깃이라도 손수 인두질해 주고 싶었을 것이다. 하지만 어머니가 저세상으로 떠나신 후, 그 인두가 이리저리 나뒹굴고 있어 여기에 걸어 놓았다고 한다.

그 이상의 말은 하지 않기에 방으로 들어가면서 이런저런 생각을 한다. 왜 하필 신발장 위에 그것을 걸어 놓았을까? 혹시 아침저녁으로 현관문을 드나들며 그 인두를 보고 어머니를 그리워하기 위한 것이 아니었을까? 하는 느낌이 든다. 그럴 만큼 동생 내외가 부모님 생전에 효심이 지극했기 때문이다.

요즘 젊은이에겐 좀처럼 보기 드물게 조석으로 부모님께 문안하고, 농촌에서 일하시던 향수를 조금이라고 달래드리려고 집 가까운 산비탈에 채소밭을 일구어 소일하게 하였다. 또한, 정기적으로 부모님을 보건소에 모시고 가서 건강검진을 받게 하였기에 두 분 다 팔순을 넘기셨을 것이다.

그런 생각을 하니 인두의 현주소가 불효의 사색김을 불러일으킨다. 학창 시절 10여 년간은 도시로 나가 하숙하였고, 직장생활 30여 년간은 국외 근무로 가족을 곁에서 모시지 못하였다. 그래서 부모님이 동생 집에서 생활하게 되어, 그 인두를 여기에 두고 저세상으로 떠나셨다.

어머니는 생전에 밤이면 바느질, 아침이면 다림질과 인두질 하시며 사셨다. 그리하셨던 어머니에게 무엇 하나 제대로 해 드린 게 없다. 인두질하면서 나의 성공을 빌고 또 비셨다는데 그 기대에도 부응하지 못했다. 그래서 벽에 걸린 그 인두가 나를 질책하고 있는 듯하여 가슴이 쓰리다.

때늦은 지금이라도, 그 녹슨 인두를 동생에게 건네 달라고 해봐야겠다. 그래서 그 인두를 반짝반짝 윤이 나게 닦아 책상 머리에 걸어두고, 아침마다 어머니가 옷깃을 다렸듯이, 세파에 구겨진 내 마음의 구김살을 인두질해 가리라.

한국산

외국에 나오니 내가 보인다. 우리나라 상품의 수준은 저만큼 높은데 거기에 따라가지 못하는 자신을 본다. 일본에서다.

딸이 사는 도쿄에 들렀다. 두 딸은 내가 나고야무역관 근무 때 동반 가족으로 일본에 와서 여기에서 공부했다. 학업을 마치고 취업하여 본의 아닌 도쿄에서 생활하고 있다. 내일이 '어버이날'이라고 우리 부부를 초청하여 하룻밤을 같이 잤다.

'깍악~깍악~.' 까마귀 소리가 아침잠을 깨운다. 웬 까마귀가 이렇게 많으냐며 자리에서 일어난다. 창밖에 떼 지어 날아다니며 깍깍거리는 낯선 풍경이다. 선진국 부자의 나라, 거기에다 수도이니 먹을 것이 많아 저렇게 몰려드는 것일까? 라고 상상하고 있는데 방문을 노크한다. 딸애다. 큰딸은 신문을, 막내딸은 주스 잔을 들고 내 곁에 다가와 멋쩍게 말한다.

"오늘은 저희가 하자는 대로 해야 해요. 백화점에 가서 쇼핑한 후, 긴자(銀座)의 식당가에서 점심을 같이하고자 합니다."란 일정을 알린다. 추측건대 제 엄마와 미리 시간 계획을 짜 놓고 내게 알려주는 것 같았다. 마음속으론 하꼬네(箱根) 온천에라도 가서 며칠 쉬고 싶었는데 기대가 어긋난다. "그래, 초청받아 왔으니 여기에서의 일정은 너희에게 맡기겠다"며 식탁으로 간다.

정성껏 차린 아침밥을 먹고 미쯔고시(三越)백화점에 들른다. 엘리베이터에 오르자 아내가 내 등산복부터 사야 한단다. 4층 스포츠웨어 매장에 내린다. 입구 가판대에 각가지 의류를 쌓아 놓고 할인 판매를 하고 있다. 옷 대부분이 중국을 비롯한 동남아에서 수입된 2~3천 엔대의 값싼 의류다. 딸들이 매장 한가운데를 걸어가더니 마네킹에 입힌 민소매 등산 재킷을 가리키며, "이 옷이 좋은데요" 하며 바라본다.

점원이 다가서며 설명한다. 소재가 고어텍스(Gore-Tex·방습성 섬유)로 가볍고 땀이 차지 않으며, 브랜드(AIGLE) 제휴로 한국에서 만든 재킷임을 알려 준다. 몇 년 전부터 이어지는 한류(韓流) 영향으로 꾸준히 한국산을 찾는 손님이 많다고 귀띔해 준다.

가격이 좀 비싼 것 같다며 더 둘러보자고 해도 막내딸이 서둘러 1만8천 엔(약 13만5천 원)을 주고 그 재킷을 산다. 브랜드는 프랑스의 것이지만, 한국산 옷이 매장 한가운데에서 조명받고 있어, 흡족한 마음에 더는 만류하지 않는다. 그때 불현듯 내 얼굴이 큰 거울에 비친다. 나는 내 무대(문학계)에서 저 재킷처럼 조명을 받고 있을까?

지난 1970~80년대, 일본 근무 때 생각이 난다. 그 시절 우리나라 의류제품은 지금의 중국 · 동남아제품과 같이 중저가품으로 판매되었으며 대부분 상품이 가판대에 놓여 있거나 판매장 한구석에 신열돼 있었다. 그랬던 우리 제품의 품질이 크게 향상됐음을 느낀다. 세계 제일의 품질을 자부하는 일본 제품과 나란히 진열돼 제값을 받고 있다. 우리나라 상품의 품질이 그렇게 향상되는 동안 나는 얼마나 업그레이드됐을까? 나도 한국산인데, 브랜드라고 일컬을 수 없는 무명작가가 아닌가.

이어서 딸들과 같이 티셔츠 매장으로 옮겨, 초록색 줄이 쳐진 폴로셔츠를 또 골라 준다. 세련된 디자인에 색깔이 산뜻하다. 라벨을 들여다보니 그 옷도 한국산이다. 아내가 한번 입어봐야 한다며 점원에게 눈짓한다. 탈의실에서 그 셔츠를 입고 나오니 모두가 잘 어울린다며 큰딸이 얼른 그 셔츠를 계산대로 갖고 간다. 한화로 20만 원의 높은 가격이 아닌가 하고 의아해하니 점원이 답한다. 일본의 수입 관세가 낮은 데다 취급 물량이 많아 폴 스미스(Paul Smith) 같은 명품의 브랜드 가격은 한국보다 일본이 싸다고 말한다.

어쩌다 보니 내 옷만 사게 돼 미안한 생각이 든다. 백화점에 온 김에 애리(외손녀)의 선물도 사자며 완구 매장으로 들어설 때다. 애리가 기다렸다는 듯이 '저것' 하며 손짓한다. 털이 보송보송 난 봉제완구 삽살개다. 아이들 눈높이의 진열대에 일본, 유럽제품과 나란히 진열된 한국산 봉제완구다.

애리에게 그 삽살개를 사 주고 아래층으로 내려오니 휴대전화 매장이다. 일본 Sony, 미국 Apple사의 세계 일류 제품들과 나란히 우리나라의 Galaxy와 V30 시리즈를 비롯한 여러 상품이 선진국 제품과 같은 가격대로 팔리고 있다.

그뿐인가. 텔레비전 판매대에도 한국산 대형 평면 티브이가 일제와 나란히 진열된 그 앞에 손님들이 몰려 있다. 전자 제품만이 아니다. 이제 에어컨 · 냉장고 · 세탁기 · 선풍기 등 전기제품도 기능이나 디자인 면에서 선진국 상품과 손색이 없다.

번쩍거리는 조명 기구 매장으로 다가가고 있는데 딸들이 점심때가 되었다며 밖에 나가 식사를 하자고 한다. 오후엔 여성전문 쇼핑몰에 가서 제 엄마의 선물을 산다며 백화점을 나선다.

20여 년 만에 일본의 고급 백화점에 들러 봤다. 세계 유명 브랜드 상품이 거의 다 들어와 있다는 그 백화점에서 우리나라 상품의 위상이 높았다. 지난 몇 년 동안 한류 열풍으로 한국 제품에 대한 선호도가 높아진 원인도 있지만, 그것보다는 우리나라 상품의 품질이 향상되고 디자인도 많이 개선되었기 때문이다. 도쿄 미쯔고시 백화점에서 선진국 제품과 어깨를 겨루며 나란히 진열돼 가슴이 뿌듯하였다. '한국산'인 나는 지금 여기에서 어떤 모습으로 비칠까? 우리나라 곳곳의 공장에서 만든 상품은 저토록 빛이 나는데….

유일한 나의 상품, 책은 아직도 이곳 서점에 출시는커녕 엄두도 못 내고 있다. 도쿄의 책방 거리 진보초(神保町)에 한국 북카페도 열려 있다는데, 거기에도 선보이지 못한 내 수필집이다. 안타깝게도 작품 수준이 미흡하기 때문일 거다. 상품 · 영화 · 음식 등 여러 분야가 '한류 바람'을 타는데, 그 바람에 편승할 채비조차 하지 않은 자신을 본다. '한국산'인 내가 부끄럽다. '분발해야지.'

소 타던 정승

지난 역사에서 이름난 청백리 정승이 여럿 있었지만, 행차 때 말 대신 소를 탄 정승 이야기는 처음 듣는다. 내 마음에 파문을 일으킨다.

맹사성(孟思誠)*이 장본인이다. 우리나라에서 가장 오래된 살림집인 그의 고택(충남 아산시 중리, 옛 온양) 앞에서 해설사의 설명을 듣는다. 그 얘기 중 "맹사성 정승이 소를 타고 고향에 다녔다"는 사실에 놀란다. 온양 태생인 정승은 성격이 소탈하여 번거로운 행차를 싫어했을 뿐 아니라 민폐를 우려하여 그가 키운 검정소를 타고 고향의 부모를 찾아뵈었다는 겸허한 행차에 감동한다.

성공한 정승이 고향 찾는 길에 말을 타고, 수행원을 줄 세워

다니며 뽐낼 만도 했지만, 그러하지 않았다. 그가 우의정 때 고향 찾아오던 날에 있었던 일. 그날도 관가에 들르지 않고 민폐를 우려하여 소 타고 내려오던 중이었다. 어떻게 알았는지 양성(陽城, 안성)과 진위(振威, 평택)의 두 고을 수령이 장호원(長湖院)에서 기다리고 있었다. 허름한 농부 차림의 늙은이가 소를 타고 지나가자 수령이 하인을 보내 꾸짖었다.

"무엄하다. 한양에서 제상이 내려오시는데 어찌 시골 늙은이가 먼저 길을 가느냐?"

지나가던 맹사성이 빙긋이 웃으면서 하인에게 말했다.

"가서 온양에 사는 맹고불(孟古佛, 맹사성의 아호)이라 일러라."

정승임을 알아챈 두 수령이 놀라고 당황하여 달아나다가 한 수령이 언덕 아래 깊은 연못에 관인(官印)을 떨어뜨렸다. 후세 사람들이 그 연못을 인침연(印沈淵)이라고 불렀다는 사실을 국조명신록(國朝名臣錄)에 기록하고 있다.

맹사성은 마음이 청결하고 간고(簡古)하였다. 살림살이에 신경 쓰지 않았다. 식량은 늘 녹미(祿米)를 먹었다. 어느 날 햅쌀로 밥을 지어드렸더니 "어디에서 쌀을 얻어왔느냐."라고 물었다. 부인이 "녹미가 심히 묵어서 먹을 수 없기에 이웃집에서 빌렸나이다."라고 답하였다. "이미 녹을 받았으니 그 녹미를 먹는 것이 의당한 일인데 무엇 때문에 빌리었소"라며 꾸짖었다.

효심 또한 지극하여 어머니가 돌아가시자 7일간 단식하고 시묘살이를 하였다. 늙고 병든 아버지의 간호를 이유로 사직하기를 청했지만 받아들여지지 않았다. 태종은 그를 충청도 관찰사로 임명하여 약을 주면서 고향 아버지를 보살피도록 배려해줬다.

그 후 맹사성은 세종 11년 궤장(几杖)을 하사받고 일흔이 넘는 고령에도 재상으로 나라에 봉사했다. 세종 13년 황희가 영의정에 오르면서 맹사성은 권진(權軫)과 함께 좌 · 우의정에 올랐다. 이때 맹사성은 황희와 더불어 관리의 기강을 바로잡아 유교 통치이념을 바탕으로 정치를 펼쳐나갔다.

늘 검소하고 겸손하며 평민의 생활을 했기 때문일까? 그의 관직 생활은 승승장구하였다. 27세에 문과에 장원급제한 후 이조, 예조, 병조 등의 판서(장관)를 거쳐 세종 때 우의정 · 좌의정을 지냈다. 그렇게 빛난 자리에 앉았지만, 비가 새어 의관을 적시는 협소한 집에서 살았다.

언제나 간소한 차림으로 검은 소를 타고 피리를 불었다. 고아한 인품을 가진 재상으로 우리나라의 대표적인 청백리였다. 조선왕조 500년 동안 수많은 정승이 있었지만, 이름 뒤에 정승이란 호칭을 꼭 붙이는 이는 단 4명이었다. 맹사성, 황희, 이원익, 상진(尙震)의 4정승을 꼽았다.

이처럼 정치의 흐름을 타고 정치를 즐길 줄 알았던 맹사성은 세종 17년 고령을 이유로 좌의정을 사직하였다. 온양으로 귀향하여 시를 읊고 악기를 불며 풍류를 즐겼다. 자연을 벗 삼아 살아가면서 임금의 은혜에 감사하는 시조를 썼다. [강호사시가(江湖四時歌)]로 우리나라 연시조(聯時調)의 효시가 되었다. 4수 중 1수를 적는다.

강호에 봄이 드니 미친 흥이 절로 난다 (강호에 봄이 드니 깊은 흥이 절로 난다)

탁로계변에 금린어 안주 삼고 (시냇가에서 막걸리를 마시니 금란어가 안주로다)

이 몸이 한가해옴도 역군은(亦君恩)이샷다 (이 몸이 한가롭게 지냄도 임금님 은덕이시다)

오늘 창작수필문인회 〈2019 봄 문학탐방〉에 참가하여 현충사를 거쳐 여기 맹사성의 고택에 서 있다. 600여 년의 쌍(雙) 은행나무 곁에서 듣는 '소 타던 정승'의 소박한 삶과 그의 과시욕을 잠재울 수 있었던 내면의 강기가 내게 일침을 준다. "당신은 고향 갈 때 무엇을 타고 갔느냐?"고. 그 물음, 그 닦날이 가슴에 저민다. 아니 새벽잠 설치며 예까지 온 보람을 느끼게 한다.

그도 그럴 것이 나는 고향을 찾을 때면 소는 차치하고 대중교통 수단도 아닌, 분에 넘치는 최신 모델 대형 승용차를 몰고 갔으니, 남에게 돋보이고자 한 과시일 거다. 차뿐이 아니다. 차림도 그러하고, 그동안 객지에서 한 일의 부풀림이 한둘이 아니니. 주위 사람들에게 가진 것보다 더 많게, 더 화려하게 보이려고 애를 쓴 나. 겸손하지 못한 하수의 포장술(包裝術)이다.

늦었지만 지금부터라도 허세를 줄이고 가진 것보다, 아는 것보다 적게, 겸허하게 처신해야겠다. 맹사성처럼. 또한, 정승이 시조에서 읊었듯이 나라에 대한 은덕도 고맙게 여겨야겠다. 맹고불 정승이 네 임금을 섬긴 '청빈'과 '온유'의 마음가짐을 조금이라도 본받을 수 있는 건 이번 문학 탐방에서 얻은 교훈이요, '내 마음 파문'의 소산이다.

*맹사성: 조선 전기의 재상 (1360~1438), 최영(崔瑩) 장군의 손녀사위, 세종 때 우의정 · 좌의정을 지냈으며, 황희와 함께 조선 전기 문화 창달에 크게 기여하였고, 성품이 청백 · 검소하기로 이름이 났다. ≪태종실록≫을 편찬하였으며, 작품에 〈강호사시가〉가 있다.

새들이 내 얼굴을 보고 있다

남이 보지 않는다고 하여 올바르지 못한 행동을 할 일이 아니다. 새들이 보고 있다. 아니, 인지까지 한단다.

세상에 얼굴만큼 중요한 게 어디 또 있을까? 아침마다 거울 앞에 서서 면도한 후 얼굴을 매만진다. 바깥에서 일하고 집에 돌아오면 비누로 깨끗이 씻는 얼굴이다. 외출하여 사람을 만나면 서로 얼굴부터 쳐다보며 인사하고 말을 건넨다. 신분증이나 여권에 붙이는 사진도 얼굴이다. 그처럼 얼굴은 나의 표상이요, 징표다.

누구나 얼굴 보고 상대를 인식한다. 자기의 얼굴을 다른 이에게 좋게 인식시키고자 부단히 노력한다. 요정이나 다방 같은 데에 얼굴마담을 두는 것도 고객에게 그 집의 인상을 좋게

심어주고자 함에 있다. 그와 같이 나도 나의 얼굴을 남에게 좋은 이미지로 남기려고 애를 쓴다.

하지만, 다른 사람의 시선이 미치지 않는 곳에선 가끔 본의 아닌 행동을 한다. 이를테면 산을 오르다가 아름다운 꽃을 꺾기도 하고, 잊고 온 젓가락이 필요할 때 나뭇가지를 잘라 도시락을 먹기도 한다. 사람들이 보는 앞에선 규율을 잘 지키지만, 그렇지 않은 곳에선 빨간 신호에도 횡단보도를 건너기도 한다.

그것만이 아니다. 길을 걷다가 담배꽁초를 보면 '누가 이런 짓을 하지'라고 불평하면서도 스스로는 먹던 아이스크림 포장지를 길가에 슬쩍 버리기도 한다. 뿐인가. 상대방에 내 이름과 얼굴이 노출되지 않는다고 하여 인터넷 카페, 트위터, 페이스북 등에 평소엔 잘 쓰지 않는 거친 말이나 야한 말을 올리곤 한다. 그러고 보니 나는 이중인격자다. 겉과 속이 다른 사람임을 새삼 의식한다.

내 얼굴을 사람만이 보는 게 아니란다. 새들이 보고 있다는 것을 최재천 동물생태학 교수가 '얼굴'이란 칼럼에서 밝히고 있다.

서울대 생명과학부 이상임 박사와 내가(최재천 교수) 함께 이끄는 까치장기생태연구사업단은 거의 15년째 까치의 행동과 생태를 모니터링하고 있다. 우리 연구진은 나무 높은 곳에 있는 까치둥지에 접근하고자 이삿짐센터의 사다리차를 사용하는데, 지난 몇 년간 특별히 자주 사다리차를 타고 둥지에 가까이 접근했던, 한 서울대 연구원을 까치들이 집중적으로 공격하는 걸 관찰하곤 본격적인 실험에 들어갔다.

그 연구원과 체격이 비슷한 다른 연구원들이 똑같은 옷을 입고 함께 나타나도 까치들은 영락없이 그 연구원만 공격했다. 까치가 사람의 얼굴을 식별하고 기억하는 능력을 지녔다는 확실한 증거를 얻어냈다. 까치는 사람의 얼굴을 기억하는 새로 까마귀와 앵무새에 이어 세 번째이다. 지난 7월 3일 영국에서 열린 실험생물학회에서는 비둘기가 네 번째로 명단에 이름을 올렸다. 파리대학 연구진이 우리와 비슷한 방식으로 관찰과 실험을 진행하여 도심 공원의 비둘기들도 자기들을 많이 괴롭힌 사람의 얼굴을 기억한다는 사실을 밝혀낸 것이다.

놀라운 일이다. 내 주위에 사는 새들— 까마귀, 앵무새, 까치, 비둘기 등이 내 얼굴을 보고 있으며 기억한다는 사실이다 서울에 까마귀와 앵무새는 드물지만, 까치와 비둘기는 아파트 단지에도 흔한 새다. 창가에 포르르 날아다니는 참새도 예외가 아닐 것이다.

우리 아파트에 사는 새들이 나를 어떤 이미지로 기억하고 있을까? 그 새들이 인지 능력을 갖추고 있다니 부끄러운 자신이다. 아무도 모를 줄 알고 양심에 거리낀 행동을 한 게 한두 번이 아닐 것이기에. 저 새들이 양복 입은 나를 비웃고 있을 걸 생각하니 어디 얼굴 들고 다니겠는가.

'낮말은 새가 듣고 밤말은 쥐가 듣는다.'더니 이제 듣는 것만이 아니다. 수시로 내 얼굴을 보고 있다. 인식까지 하는 새다. 남이 보지 않는다고 스스럼없이 잘못한 일이 구름처럼 떠오른다. 눈을 두리번거리며 길가에 휴지를 몰래 버리기도 하고, 새들이 사는 가로수에 침을 뱉기도 할 뿐만 아니라 차가 보이지 않는다고 차로를 가로지르기도 하였으니 새들이 혀를 찼을 거다. '나이 든 사람이 양심도 없나!'라며.

이미 낙인찍힌 내 얼굴, 이제부터라도 개과천선(改過遷善)하면 새들의 인지대(認知帶)에서 지워질 수 있을는지? 이 글을 쓰는 이 순간에도 새들이 내 얼굴을 보고 있을 거다. 그처럼 세상은 커튼이 없는 열린 공간이다. 창밖 느티나무에 사는 새들이 내게 당부하는 듯하다. '일거일동을 조심하세요'라고. 나의 허(虛)를 깨우치는 새들이다. 어찌 새들뿐이겠는가, 밤말도 조심할 일이다.

막사발

울긋불긋 화려한 '컬러 시대'라서 그럴까. 치장하지 않은 민얼굴이 그립다. 그래서인지 무명 치마 입은 조선의 여인처럼 검소하고 소박한 그릇, '막사발'이 '금(金) 사발'보다 귀한 대우를 받는다. 그 연유를 배울 일이다.

스스로 낮추어 사는 막사발. 인간이 지어준 이름이긴 하지만, 검소한 서민의 그릇이기에 그에 걸맞은 '막*'이란 접두사를 앞세웠다. 제 모양에 신경 쓰지 않은 사발. 표면(얼굴)에 금이 간 듯, 옆이 터진 듯, 밑으로 유약(釉藥)이 흐르는 듯 그렇게 보인다. 속이 두둑한 내실을 갖췄기에 겉치레하지 않았을 것이다. 거짓이나 꾸밈없는 민얼굴의 그 그릇에 정이 간다.

순박한 얼굴, 반질반질 윤이 나는 매끈한 일반 사발과는 다르다. 고르지 않는 모양, 크기도 제각각, 생김새도 다 다른 사발이다. 제 이름이 말하듯, 도공들이 구태여 거친 면을 없애려고 하지 않았던 그릇. 꽃병처럼 눈으로 보는 도자기가 아닌, 실용적인 면을 염두에 두고 만든 사발이다.

백자에 속하지만, 등속(等屬)의 다른 그릇처럼 우윳빛 광채를 내지 않는다. 청자처럼 매끈하게 만든 게 아니다. 잘 만들려고 하지 않고, 곱게 다듬지도 않는 어설픈 모양이다. 그저 되는대로, 손쉽게 만들었기에 들쑥날쑥하다. 그렇게 얼굴(겉)이 거친 것이 오히려 편하고 실용적인 사발이다. 여러 가지 식품을 담을 수 있는 사발이다.

장독대에서 간장을 퍼도 되고, 시원한 열무김치를 담아 상위에 올려놓아도 좋고, 구수한 된장국을 담아도 어울리는 수수한 백의민족의 그릇으로 탄생한 막사발이다. 그나마 조금 낫게 사용하는 경우라면 막걸리를 담으면 '술 사발', 밥을 담으면 '밥사발', 떨떠름한 찻잎 몇 개를 달인 녹차를 담으면 '찻사발'이 된다. 그 어느 것을 담아도 그것의 '맛'을 더해 주는 '막사발', 어찌 본받고 싶지 않을까. 그 귀함을 일본인이 먼저 알았다.

일제강점기, '찻사발'로 바다를 건넜다. 그들은 조선의 막사발을 다기(茶器)로 사용, '정호다완(井戶茶碗)*'이라 불렀다. 일본은 자국에 있던 막사발 26점 모두를 국보로 지정했다. 조용하고 차분한 '차(茶) 자리'를 추구한 일본 다도(茶道)의 대성자(大成者)인 센리큐(千利休, 1522~1591)가 조선 찻사발의 질박하고 담

백한 아름다움을 높이 평가한 때문일까. 아니면, 일본 다인(茶人)들로부터 '미(美)의 종료'로 추앙받았기 때문일까. '오사카성(大阪城)*과도 바꾸지 않겠다.'라는, 그 가격을 매길 수 없는 보물의 위치에 올려놓았다. 오동나무 상자 속에 금이나 은으로 함을 만들어 그 안에 조선의 막사발을 넣어 보관하고 있다. 우리 선대, 서민의 손으로 수수하게 만든 무심의 결정(結晶)이 이렇게 주목받고 있다.

그것만도 아니다. 언론인 이규태(李圭泰, 1933~2006)의 칼럼에서도 시계(斯界) 유명인들이 호평한 글을 실었다. 세계 도예미학(陶藝美學)의 태두인 영국 버나드 리치(Bernard Leach)는 "이 막사발처럼 없으면서 있는 것 같은, 색과 투박한 촉감을 낼 수 있는 그런 사람이 곁에 있다면, 얼마나 편하고 남을 행복하게 할까?"라는 말을 했다. 고(故) 최순우(崔淳雨, 1916~1984) 전 국립중앙박물관장은 "막사발에 쌀밥을 담아 먹어서는 안 된다."라고 했으며, 박물관에 들른 한 외국인 부인이 막사발에 꽂힌 꽃을 들어 보이며 "자기(磁器)에 대한 모독"이라고 했다는 것이다.

그처럼 막사발이 국내인만이 아닌, 외국인이 높이 평가하는 것은 그 그릇에 담겨 있는 '내면적인 미(美)'일 것이다. 섬소하고 소박하며. 꾸밈도 야심도 없다. 순박하고 지나쳐 보이지도 않는다. 눈부시게 희거나 화려하지 않은 회백(灰白)색 도자기로서의 단아함을 잃지 않은, 조선백자 특유의 '멋' 때문일 것이다.

'멋', 제 모양은 꾸미지 않으면서 담은 내용물을 돋보이게 하는, '맛'을 더해 주는 막사발. 속보다 겉치레에 신경 쓰는 나는 무엇을 담고 있으며, 담은 내용물을 얼마나 빛내주고 있을까. 막사발처럼 이것저것 가리지 않고 어떤 내용물이라도 받아들일 수 있는가?

아니다. 달면 받고 쓰면 뱉는다. 마음에 들지 않으면 피하고, 싫어하기 일쑤다. 겉모습과는 달리 속이 차다는 말을 듣는 것도 그래서일 것이다. 남의 말을, '맛'을 받아들이기보다 내 것을 앞세우는 자신이 아닌가. 머리에 든(담은) 경험과 지식도 막사발처럼 '맛나게, 구미 당기게' 하지 못하는 '묵사발'이 아닐는지. 속보다 겉치레 포장에 신경 쓰는 나는 '막사발'에서 배울 일이다. 제 색깔을 죽이고 스스로 낮추며, 담은 내용물을 더 '맛나게, 빛나게' 하는 그 숨은 비법을.

*막 : '마구'의 준말. '거친', '품질이 낮은'의 뜻

*정호다완(井戸茶碗) : 조선에서 사발의 용도로 만든 자기(磁器)가 일본으로 전해져, 다기(茶器)로 사용되며 붙여진 이름. 일본인이 제일로 치는 '찻사발'이다.

*오사카성(大阪城) : 도요토미 히데요시(豊信秀吉) 정권의 본성이었지만, 오사카 전투에서 소실되었다가 그 후 에도(江戸) 시대에 재건해, 에도막부(江戸幕府)의 서(西)일본 지배의 거점으로 삼았다. 구마모토성, 나고야성과 더불어 일본 3대 명성 중 하나이다.

산, 어머니 품 같은

산이 좋아 산에 간다. 주말마다 찾는 산. 답답한 도심을 벗어나 산자락에 닿으면 언제나 어머니 품 같다.

자주 가는 도봉산, 망월사 오르는 길에 들어선다. 물 · 숲 · 새 등이 반겨준다. 졸졸 흐르는 물소리, 나무와 넝쿨이 뒤엉켜 서로 의지하며 살아가는 숲, 그 속에서 찍찍대는 벌레 소리, 짹짹거리는 새소리, 그리고 산사에서 들려오는 풍경 소리를 들으면, 갑갑한 마음이 누그러져 간다. 산에 동화한다. 온 산을 쩡쩡 울리는 꿩 울음소리는 나를 고향의 삼성산(三聖山·591m)으로 데려간다.

마을 앞산인 그 산에는 떡갈나무·느티나무·칡넝쿨·산딸기가 많았다. 그 산길을 여기에서 다시 걷는 듯하다. 나무가 품어주는 신선한 공기를 들이마신다. 흙냄새 · 풀 냄새 · 꽃향기, 거기에다 고향 냄새까지 한데 어울려진 산이 주는 맑은 선물. 향긋한 그 향기를 조금이라도 더 들이마시고자 코를 벌름거리는 자신을 의식한다.

누구에게나 똑같이 대해주는 산, 그 산의 품 안에서 일상의 잡념을 잊는다. 마음이 편안하고 정갈해진다. 천 년을 사는 바위 앞에 다가간다. 듬직한 무게감과 흔들리지 않은 그에게 등을 댄다. 한 몸이 된다. 이와 같은 바위를 제 몸에 품고 사는 산이다. 속살이다. 흔들리지 않으려면 이 정도의 속살은 가져야 할 것 같다. 늘 갈대처럼 흔들리는 나도 하나의 바위를 품었으면….

묵직한 산, 어머니 같다. 때 되면 일깨워 준다. 여기저기 들어선 나무와 풀에 '어서 일어나라'라고, '제 할 일을 할 때'라고. 나에게도 말해 주듯 손수 모범을 보이는 산이다. 한 번도 놓치지 않고 철 따라 잎과 꽃을 피우는 산. 어머니를 만나는 산. 어머니같이 좋아하는 산.

나만이 좋아하는 산이 아니다. 많은 문인이 산을 찬양하는 시가(詩歌)를 지어 읊었다. 이황(李滉)은 도산십이곡(陶山十二曲), 이이(李珥)는 고산구곡가(高山九曲歌), 윤선도(尹善道)는 산중신곡(山中新曲), 정약용(丁若鏞)과 김정희(金正喜)도 북한산 산영루(山映樓)에 올라 아름다운 시문(詩文)을 남기는 등 수많은 작품으로 산을 노래하며 정서를 함양하였다. 화가들은 또 얼마나 많은 그림을 그려 스스로 심취(心醉)했는가. 또한, 스님들도 산에 산다. 심신을 맑게 함에 있어 산만큼 좋은 데가 없어서일 것이다.

마음만을 씻어주는 산이 아니다. 건강까지 챙겨준다. 바위를 타거나 돌길을 걸으면 발 신경을 자극한다. 엉긴 피를 잠깨운다. 물 흐르듯 피를 잘 돌게 하면서 맑게 정화해준다.

주어진 환경에 적응한다. 더위와 추위에 나처럼 언짢아하지 않는다. 더우면 나뭇잎을 흔들어 바람을 일게 하고, 추우면 나뭇잎을 떨어뜨려 온산에 이불 깐다. 뭇 사람이 밟고 밟아도 불평하지 않는 산. 그리면서 동식물에 살아갈 터전과 먹을거리를 준다. 인간에게 산소와 건강을 준다. 물과 그늘을 준다. 어머니처럼 내 건강을 챙겨주는 고마운 산이다.

많은 것을 주면서 자랑하지 않는 산. 무엇 하나 주는 것 없이 받기만 하는 나는 항상 미안한 마음이다. 그래서일까. 산을 오르내리면서 더러 눈에 띄는 쓰레기를 주워 담는 게 고작 산에 대한 나의 답례이다. 무딘 필력으로나마 산을 예찬하고 있는 것도 마음의 빚을 줄이고자 하는 나의 성의이지 싶다.

인생길이 그러하듯 어느 산이나 깔딱 고개가 있다. 땀을 뻘뻘 흘리며 가파른 고개에 올라서면 정상에 닿는다. '아~ 정상!' 하는 탄성이 절로 나온다. 목적지에 오른 승리감이라고 할까. 굽이굽이 휘어진 산길을 걷고, 비탈진 고개를 넘고 넘은 성취감 같은 쾌감이다. 어려움을 견뎌내지 않으면, 난관을 극복하지 않으면 바라는 목적지에 올라설 수 없다는 것을 산이 말해준다. 긴 호흡으로 신선한 바람을 들이마시며 끝없이 펼쳐진 산야를 굽어본다.

저 남쪽 하늘 끝자락, 고향이 보일 듯 말 듯하다. 아득히 먼 영천(永川)의 산야. 그 너머에 경주의 남산, 석굴암, 동해가 환영(幻影)처럼 떠오른다. 그래서 해호(海浩) 스님이 여기에 망월사(望月寺)를 짓고, 월성[月城:경주에 있는 궁성(宮城)]을 향해 신라 왕실의 융성을 빌었을까?

그 월성으로 이어지는 영천의 무학산 · 삼성산이 눈에 어른거린다. 무학산 아래 펼쳐진 들판을 서성거리던 아버지의 모습, 내게 주려고 부엌에서 고구마 굽던 어머니의 붉은 얼굴이 떠오른다. 돌담 위에 앞다퉈 피던 호박꽃이 선하니 보인다. 그때다. 정상 한쪽에서 건배하던 사람들이 손짓한다.

"선생님, 이리 오셔서 막걸리 한잔하시지요."라는 산을 닮은 넉넉한 인심. 산에서 들을 수 있는 따뜻한 말이다. 나무처럼 이웃과 어울려서 사는 푸근한 인정이다. 그런 자연의 품을 닮아가는 등산객들이 여기저기에 자리를 펴고 밥을 먹는 정겨운 정상. 시원한 막걸리 한 잔 얻어 마시고 가져온 김밥을 나눠 먹는다. 다디달다. 처음 만난 사람도 스스럼없이 정겹게 느껴지는 정상이다. 산의 품이다.

바람이 분다. 싱그러운 나무와 풀들이 흔들린다. 맑은 공기를 뿜어준다. 물소리·새소리 들으며 하산하는 길. 도심에서 찌

든 마음을 말끔히 씻어준 산. 피를 맑게 하고, 팔다리 근육까지 단단하게 해준 산. 잊고 지난 고향을 다시 상기시켜준 고마운 산. 지금 사는, 아파트 다음으로 자주 찾는 내 마음의 집이다. 늘 마음 놓이는 푸근한 어머니의 품이다.

'산, 거기에 머무는 마음'은 언제나 즐겁다.

묵은 갈대

갈대 하면 바람에 흔들리는 모습이 떠오른다. 그 몸짓을 상상하면 가슴이 따뜻해진다. 살아서만이 아닌, 죽어서도 흔들리며 후손을 보듬는 정성이 지극해서다.

한동안 뜸했던 여의도 샛강공원에 들어선다. 한강 물이 흘러드는 수로(水路) 따라 걷는다. 6월의 햇살을 받으며 생태연못 주위에 닿는다. 군락을 이뤘던 누런 갈대가 초록 옷을 입고 있다.

지난 4월에 여기를 들렀을 때만 해도 묵은 갈대가 촘촘히 서 있었는데 불과 두 달 사이에 새 갈대가 내 키만 하다. 습지라서 빨리 자란 걸까. 몰라보게 성장한 새 갈대만 보이고 묵은 갈대는 눈에 띄지 않는다. 다 어디로 갔을까. 풀 속을 들여다본다. 새 갈대 사이사이에 허리를 꺾고 쓰러져 있다. 위로만 커가는 제 분신을 쳐다보며, 제 할 일을 다한 듯 흐뭇해하는 것 같다.

후손을 알뜰히 챙기는 갈대. 그것의 생장 과정이 그러하다. 봄여름 동안 속성으로 자라서 꽃이삭을 단다. 씨방 끝에 많은 관모(冠毛)를 만들어, 종자가 제 살 곳으로 날아가게 한다는 그 과정이 갈대의 전생(前生)이라면, 후생(後生)은 묵은 갈대다. 그 묵은 갈대가 후손을 위해 겪는 아픔이 가슴을 아리게 한다.

다른 한해살이풀처럼 가을에 잎을 떨어뜨리지 않는다. 나서 자란 제 뿌리의 끈을 놓치지 않는다. 그 자리에서 겨울을 난다. 언 몸을 서로 부딪치며 서걱거린다. 아픈 신음이다. 그처럼 마른 몸을 부대끼며 꼿꼿이 선 채 해를 넘긴다. 제 허리까지 쌓인 눈 속에서 추위를 견딘다. 북풍 휘몰아치는 차디찬 겨울에 물 한 방울 끌어 올리지 못하는 속 빈 몸으로 설한풍을 이겨낸다. 강하다. 할 일이 남아 있어 잠들지 못하는 묵은 갈대다.

빛바랜 마른 몸으로 바람에 흔들렸다가 다시 제자리로 꼿꼿이 선다. 센 바람이 불 때면 전신을 기울였다가 다시 똑바로 선다. 한두 번 그러는 게 아니다. 수천 번 수만 번, 이루 헤아릴 수 없을 만큼 흔들리곤 바로 서기를 반복하는 몸싯. 그런 아픔을 겪는 묵은 갈대가 왜 울음이 없겠는가. 신경림 시인은 '갈대는 속으로 운다.'라고 읊는다.

언제부턴가 갈대는 속으로
조용히 울고 있었다.

그런 어느 밤이었을 것이다. 갈대는
그의 온몸이 흔들리고 있는 것을 알았다.

바람도 달빛도 아닌 것,
갈대는 저를 흔드는 것이 제 조용한 울음인 것을
까맣게 몰랐다.

(……)

한해살이풀이 다 잠든 긴 겨울 동안 제 몸을 움츠리지 않고, 곧은 자세로 추위를 견뎌낸다. 다가올 봄에 새싹 틔울 뿌리의 바람막이가 된다. 후세가 제대로 싹을 틔우는지 지켜보는 파수꾼이다. 여름이 다가오면 쑥쑥 자라는 아기 갈대의 지지대가 된다. 어린 갈대가 다 자랄 때까지 몸을 기댈 수 있도록 기둥처럼 서 있는, 묵은 갈대의 절절한 어미 사랑. 흔들리며 사는 까닭을 이제 알 것 같다.

살아서나 죽어서나 바람 따라 흔들리지만, 꺾이거나 쓰러지지 않는다. 그런 강한 의지와 힘은 아기 갈대에 대한 무한한 사랑에서 비롯될 것이다. 부성(父性)·모성애(母性愛)일 것이다. 나는 후손을 그렇게 사랑했는가. 그토록 보듬었는가?

묵은 갈대의 깊은 뜻을 헤아리지 못한 우리네 인간, 아니 나 자신이 갈대를 비하해 오지 않았는가. 속이 빈 가벼운 갈대 같다느니, 줏대가 없다느니, 나약하다느니, 쉽게 마음이 변하는 사람 같다느니…. 묵은 갈대의 속마음을 알지 못하고 바람에 흔들리는 겉모습만 보고 빗대어 온 것이다.

갈대의 전후생(前後生)을 통틀어 생각해 보면 어찌 줏대가 없고, 나약하며, 쉽게 변하는 갈대라고 말할 수 있겠는가. 바람에 맞서지 아니하고, 흔들렸다가 다시 제자리로 바로 서는 슬기로운 그 지혜, 그 버팀의 힘은 후손을 보듬는 마음에서 우러난 진한 사랑일 것이다.

갖은 역경을 겪은 묵은 갈대의 마지막 가는 길도 예사롭지 않다. 어느 날엔가 아기 갈대가 제(묵은 갈대) 키만큼 자라면, '이제 됐다.'라는 듯 슬그머니 제 몸을 눕힌다. 선 자리를 후세에 내어주고 누운 채로 새 갈대의 거름이 된다. 거룩한 한살이의 마무리요, 뜨거운 내리사랑이다. 자식에 대한 부모의 마음이 다 그렇다고 하지만, 묵은 갈대의 내리사랑에 미칠 수 있을까. 부끄러운 자신이다.

그래선지 나는 때때로 그 묵은 갈대의 흔들리는 몸짓을 떠올린다.

삶의 소소한 즐거움

집념

옆 보고 크는 나무

눈인사

낡은 바지, 그 헐렁하고 덤덤한

붉은 치마들

서울 가는 흰 구름

버드나무 시 쓰듯

삶의 소소한 즐거움

–하꼬네 나들이하며 깨닫는

오랜만에 도쿄에 들렀다. 두 딸이 여기에서 직장 생활을 하고 있다. 제 부모 결혼 50주년이라고 초청한 것이다. 큰딸이 모는 차는 하꼬네(箱根)온천*을 향한다. 도메이(東名)고속도로를 달리는 차 안엔 우리 부부와 두 딸, 그리고 열 살배기 외손녀 애리가 탔다.

여럿이 온천장에 가니 기분이 좋은지 애리가 노래를 부른다. 손짓해 가며 '요코하마'란 노래를 비롯하여 여러 곡을 불러댄다. 어디서 배웠는지 "붙잡지 마세요, 나는 돌아가요……"와 같은 성인의 가사였기에 부르는 곡마다 웃음을 터뜨리게 한다. 딸들이 연습을 시켰는지는 몰라도 차 안의 분위기를 즐겁게 해 준다. 그러다가 안고 온 애견 릴리(Lily)와 뽀뽀도 하고 몸짓과 대화를 하며 차 안에 웃음이 끊이지 않는다.

그래선지 1시간 30분이 금방인 듯 지났다. 차는 온천 안개 자욱한 하꼬네 거리로 들어선다. 그때 애리가 "할아버지, 하꼬네 만주(소를 넣은 만두 같은 찐빵) 맛있어요."라고 한다. 큰딸(애리 엄마)이 눈치채고 그 만주집 앞에 차를 세운다. 점포에 들어서니 벽에 쓴 인사말이 시선을 끈다. "토산(土産)을 가지고 가는 사람은 모두 좋은 사람입니다."

'만주가 이곳 토산품이구나.' 생각하며 시식대 앞에 선다. 주인이 앞에 나와 설명을 한다. "우리 집 만주는 팥과 해초 추출물, 그리고 하꼬네 맑은 물로 빚은 이곳 명산입니다……." 그 설명을 들으며 여러 종의 만주를 맛보고, 이 집 대표 상품인 '아즈기' 한 상자를 사서 차에 오른다. 그 만주를 나누어 먹는다. 팥가루 소가 든 떡같이 생겼는데 혀에 살살 녹는 그 맛이 다디달다. 바로 그때 애리가 "홋빼다가 오치루구라이 오이시이(볼이 떨어져 나갈 정도로 맛이 있다)"라고 말한다.

"너, 그런 말 어디서 배웠니?" 하니

"할아버지, 정말 그렇게 맛이 있어요." 한다.

차창엔 울창한 나뭇가지들이 스친다. 덴오산(天王山) 중턱에 오른 차는 좁은 산길을 빙빙 돌아 하꼬네 원탕(源湯)이라 불리는 덴잔도지교(天山湯治鄕)에 닿는다. 탕연(湯煙)이 구름처럼 피어오르는 현관으로 들어서니 유황 냄새가 물씬 풍긴다. 안내원이 일렬로 서서 우리를 반갑게 맞이하며 온천장 안내를 한다. "우리 온천은 5개 원천(源泉)에서 솟아 나오는 고온(섭씨 67도)의 순수 온천수입니다. 물의 선도(鮮度)와 순도(純度)를 그대로 유지한 채 열교환기에서 적정 수온으로 낮추어 각 탕에 공급됩니다. 그래서 다른 물질이 전혀 섞이지 않은 순수한 지하 자연수입니다."

온천수만이 아니다. 탕도 산속의 나무와 바위들을 그대로 이용하였다. 노천탕 주위엔 벚꽃이 활짝 피었고, 산새들이 지저귀는 소리를 들으며, 탕 안에서 푸른 하늘을 쳐다본다. 살결에 스며드는 온천수가 매끄럽고 뽀송뽀송한 감촉을 느낄 수 있어 심신의 피로를 풀어준다. 탕 안에 외국인들도 눈에 띈다. 문득 우리나라의 온천장이 눈앞에 어른거린다. 1970년대까지만 해도 신혼부부 대부분이 들렀던 동래 온천과 온양 온천이다. 그곳도 온천장 주위의 자연을 연계한 시설 근대화로 외국인들이 몰려드는 관광지로 활성화되었으면 싶다.

이 탕 저 탕 10여 개의 온천탕을 드나들며 즐기다 보니 애들과 약속한 12시가 지났다. 서둘러 로비에 나오니 모두 나를 기다리고 있다. "할아버지, 기분 좋지요."라며 애리가 찬 우롱차를 내게 건네준다. 땀 빼고 마시는 그 차 맛이 배 속까지 시원하게 한다. 그때 막내딸이 "아빠 점심은 무엇을 드실래요?" 묻는다. "글쎄, 너희가 좋다면 우동이 어떨까?" 모두 그게 좋겠다며 밖으로 나선다.

서너 블록 내려오니 막내딸이 "저 집이 유명하다"라며 '치혜

이에이(治兵衛)소바'란 식당 앞에 차를 멈추게 한다. 그 집 앞에 10여 명이 줄을 서 있다. '역시 이름난 집이구나' 하고 기다리는데 줄 선 손님들에게 주문을 받던 점원이 "마침 큰 테이블 하나가 비었습니다. 다섯 분 손님 먼저 들어오십시오."라며 우리를 안내한다. 오랜만에 먹는 덴부라(튀김)우동이다. 아내는 외손녀 그릇에 어묵을, 큰딸은 버섯튀김을 내 그릇에 얹어준다. 그 국물과 하꼬네 특산이라는 어묵 맛이 여느 우동과 달리 맛이 있다. 면발도 쫄깃쫄깃하고 아삭아삭 씹는 단무지 맛도 일본 특유의 그 맛이다.

식사 후 기념품 판매장을 두루 돌아보고 '하꼬네 유리의 숲'이란 박물관에 들른다. 정문에 들어서니 여러 개의 큰 나무에 잎 대신 색색의 유리 꽃을 달아 바람에 흔들리니 화려한 빛깔, 부딪는 소리가 관객의 발길을 끈다. 입장객마다 그 나무 앞에 서서 기념사진을 찍는다. 호수 다리를 건너니 15세기에서 18세기에 걸쳐 유럽 귀족을 열광시켰던 베네디안(Venctian) 유리 제품 박물관이다. 귀족들이 쓰던 포도주잔, 사파이어 푸른 유리에 에나멜 금채(金彩)를 한 호화찬란한 왕의 건배 잔, 유리 용기, 신변 장식품 등이 전시돼 있다.

별채엔 세계 각국의 유리 소품과 일본의 유리제품을 전시하고 있다. 너른 정원은 관람객의 휴식처다. 삼삼오오 모여 앉아 식사한다. 우리도 아이스크림을 먹으며 이탈리아 연주단의 음악을 즐긴다.

이 박물관도 규모는 작지만 나가사키에 있는 하우스텐포스(Huistenbosch)를 닮았다. 하우스텐포스가 네덜란드의 문화를 재현했듯, 이 박물관도 유럽 베네티안 문화와 유리제품을 소개하고 있다. 우리나라에서도 이런 성격의 중남미문화원이 있긴 하지만 다양한 외국 문화를 체험할 수 있는 장(場)이 마련되었으면 좋겠다.

박물관 관람을 마치고 밖으로 나오니 어느덧 석양이 깔린다. 요코하마를 거쳐 도쿄 중심지에 들어선 차는 시부야(涉谷) 상가, "Globe Specs"이란 큰 안경점에 멎는다. 두 딸이 "아빠 눈에 맞는 안경을 골라 보세요." 한다. 그만 되었다고 해도 굳이 딸들이 여러 개의 안경을 골라온다. 그 안경들을 내 눈에 끼워 보던 점원이 "이게 독일제 안경으로 가볍고 가장 잘 어울립니다."라며 추천해 준다. 딸들이 그 안경을 내게 건네주면서 "엄마 안경은 결혼 50주년 기념으로 아빠가 사 주시면 좋겠어요."라고 한다.

"그래!" 하며 갑작스러운 그 말에 당황한다. 결혼 이후 내가 아내에게 선물해 준 게 없다는 걸 알고 하는 말일까. 아니면, 아내와 상의하여 사전에 이런 상황을 꾸민 것일까? 곰곰이 생각해 봐도 그 경위가 어쨌든 결혼 50주년 여행을 하면서 나만 선물을 가질 수 없다는 결론에 이른다.

"그렇게 하자"라며 아내에게 말한다. "내가 미처 생각하지 못했지만 마음에 드는 안경을 골라 봐요" 그러자 딸들은 손뼉을 치고 아내는 "살다 보니 이런 날도 있네요." 하며 놀라는 기색이다.

아내가 두 딸이 고른 안경을 끼고 거울 앞에서 이리 보고 저리 보면서 얼굴에 웃음이 돈다. 가격이 만만치 않았지만, 카드로 긋고, 그 안경을 아내에게 건네주니 애들처럼 좋아한다. 이왕 이럴 줄 알았으면 딸들이 말하기 전에 내가 먼저 제의했더라면 얼마나 더 좋았을까. 평소 무뚝뚝하고 잔정이라곤 없는 뻣뻣한 내 마음을 부드럽게 연화(軟化)시켜 준 딸들이 고맙나.

오늘 하꼬네 여행은 흐뭇하였다. 텅 빈 서울 집에서 살다가 딸들과 외손녀를 여기에서 만나니 사람 사는 훈기가 돈다. 하꼬네 온천에 가면서 외손녀가 웃음을 자아내게 하여 내게 즐거움을 주었다. 맛있는 어묵과 버섯튀김을 서로 건네주면서 훈훈한 마음으로 우동을 먹었다. 그리고 내가 미처 생각하지 못했던 아내의 선물을 챙기게 해 준 딸들의 마음이 오늘따라 더욱더 따뜻하게 느껴진다. 어쩌면 이런 게 살아가는 즐거움이 아닐까.

삶의 소소한 즐거움, 그건 멀리 있는 게 아니다. 가까운 내 주위에 있음을 새삼 깨닫는다.

*하꼬네온천 : 일본 도쿄에서 서해로 80Km 떨어진 온천지구다. 전차 또는 차로 1시간 남짓 걸리는 거리이기 때문에 연중 많은 사람이 찾는다. 높은 산과 아름다운 호수, 우거진 삼림으로 수려한 풍경을 자랑하는 명소이다. 나라시대에 원천이 발견된 후 오랜 세월 동안 그 명성이 이어지고 있다. 대규모 온천호텔과 여관 등 50여 곳의 숙박시설이 모여 있다.

집념

건물은 헐렸어도 추억은 남아 있다. 경복궁에 들르니 중앙청 중앙홀이 떠오른다. 수출정책의 산실이었던 그곳, 박정희 대통령의 강한 수출 집념이 서렸던 그 홀이 흔적도 없다. 세월 따라 대통령도 떠나시고, 중앙청마저 사라진 그 자리에 서니 사막에 홀로 선 양 허전하다.

헐려간 중앙청은 일제강점기에 지은 대형 석조 건물이었다. 조선총독부 · 미 군정청 · 대한민국 정부 청사 · 국립중앙박물관으로 그 용도가 바뀌어 왔다. 지나온 역사 때문인가. 1995년 광복 50주년을 맞아 일제 청산 작업의 일환으로 철거됐다. 40여 년 전, 그 중앙청 중앙홀에서 박 대통령 주재로 개최되었던 수출진흥확대회의 장면이 자꾸만 뇌리에 스친다.

매월 한 번씩 개최한 회의였다. 높은 대리석 벽체에, 화려한 샹들리에 불빛, 그리고 빨간 카펫이 깔렸던 중앙홀이 지금도 내 눈에 선하다. 거기에서 수많은 밤을 새워가며 수출진흥확대회의 병행 행사로 수출상품전시회 개최를 준비하곤 했다.

1972년 1월, 제1회 '수출의 날' 수상 업체의 우수상품 전시를 시작으로 1983년 5월 국내외 자동차 및 전자부품전시회까지 총 67회의 전시회가 개최되었다. 그 중앙홀 안 벽체 따라 'ㄷ' 자 형으로 전시대를 제작 설치하여 수출상품을 진열하고, 상품 하나하나에 수출 현황에 대한 설명과 수출 대책 등을 쓴 태그(Tag)를 달았다.

회의장 정면이 전시장이었고 거기에 전시된 상품 앞에서 회의를 진행했다. 대통령을 비롯한 관계 장관, 유관기관장, 수출단체장 그리고 관련 기업체 대표가 참석했던 월례회의였으며 대부분 수출정책이 이 회의에서 결정되었다.

당시 상공부가 주관한 전반부 회의가 끝나면 코트라(KOTRA) 사장이 대통령을 전시장으로 안내하여 전시품에 대해 보고하였다. 그 상품의 수출현황과 외국시장에서의 경쟁상황 및 수출증대 대책들을. 어떻게 하면 수출을 늘려 갈 수 있을까, 외국시장 개척상의 문제점은 무엇인가 등을 브리핑받으면서 그에 대한 대책을 마련하셨다.

그래서 관련 수출업계에 실질적인 도움을 주려는 회의였으며 그런 목적으로 개최한 회의 주제 관련 상품전시회였다. 그때 필자는 코트라 국내전시과장으로 그 전시업무를 2년 반 동안 담당하면서 회의장 말석에 참석하였다. 어려움도 많았지만, 보람도 있었다. 그 어려움이야 이루 말할 수 없을 정도였다. 중앙청 중앙홀은 국내외 귀빈들을 모시고 회의 또는 리셉션을 개최하는 장소였기에 건물관리가 엄격했다.

대리석 계단이나 붉은 카펫 위에 헌 카펫을 깔고 그 위에 다시 두꺼운 비닐을 덮어서 전시장치물과 상품을 들이고 들어냈다. 상품 하나하나에 대한 반입 경로와 보안 문제까지 신경을 썼다. 또한, 그달의 회의 주제가 빨라야 회의 개최일로부터 2~3주일 전, 늦을 때는 3일 전에 결정되기도 했다.

그 회의 주제에 따른 상품을 수집하여 전시장치와 보고자료 작성 등의 준비로 항상 쫓기는 시간이었으니 밤을 새우는 것은 예사였다. 당시 전시담당 이사의 적극적인 지원과 직원들의 헌신적인 노력이 없었던들 단시간 내에 그런 일을 처리할 수가 없었을 것이다.

고생 끝에 낙이 온다더니 보람된 일도 있었다. 1975년 10월, 가죽제품 전시 때였다. 코트라 사장의 브리핑을 들으시면서 가죽제품을 둘러보던 박 대통령은 D사의 가죽 잠바를 직접 만져 보면서 가죽의 품질과 디자인 등에 많은 질문을 하셨다. 평소 잠바를 즐겨 입으셨던 박 대통령은 전시된 베이지색 '삼바'에 관심이 있었던 것 같았다.

아니나 다를까, 며칠 후 청와대에서 연락이 왔다. 필자와 담당부장 및 디자이너 한 사람과 함께 지정된 시간에 청와대에

도착해 달라는 것이었다. 어느 일요일 아침이었다. 우리 세 사람은 내실로 안내되었고, 함께 온 디자이너는 대통령의 치수를 쟀다.

그 시절 한창 유행하던 가죽 롱코트를 갖고 싶어 하던 박 대통령 자녀들까지 크기를 재고 떠나려는데 아침을 들지 않으셨다면서 함께 식사하자고 하셨다. 우리 일행은 이미 아침 식사를 했기 때문에 사양하였다. 그러면 차(茶)라도 함께 하자며 내실 식탁으로 안내받았다.

안주인이 안 계신 주말의 '관저 밥상'은 썰렁했다. 전복죽을 드시는 식탁에 마주 앉아 커피를 마시며 한 시간 동안 대화를 나눴다. 대부분이 수출에 대한 얘기였다. 외국시장에서 어떤 상품이 경쟁력이 있느냐, 제값을 받지 못하는 이유는 어디에 있는가, 상품 고급화의 지름길은 무엇인가 등등으로 한 시간 내내 수출증진을 위한 질의응답이었다. 대통령께서는 "수출 없이는 우리의 경제를 발전시킬 수 없으니 외국시장 개척에 총력을 기울여야 한다."라고 강조하셨다.

이때 박 대통령은 이른 시일 내에 코트라의 업무현황 보고를 받고 싶다고 하셨다. 청와대를 나선 우리는 즉시 사장에게 보고하였다. 그다음 날부터 부랴부랴 브리핑 자료를 작성하여 공사 사장이 직접 청와대를 방문하여 보고하였다.

그 브리핑 과정에서 박 대통령께서는 코트라의 외국시장 개척활동을 높이 평가하고 건의 사항도 들어주셨다. 그래서 한창 건설 붐이 불던 중동지역에 4개 무역관을 신설하게 됐다. 그 후 대통령의 가죽 잠바와 자녀들의 롱코트는 한차례의 가봉 과정을 거쳐 직접 납품해 드렸으며 그 대금도 받아서 D사에 전달하였다.

매달 한 번씩 대통령을 가까운 거리에서 만날 수 있었다는 것도 보람된 일이긴 했지만, 그것보다는 대통령의 수출진흥에 대한 강한 의욕과 집념을 볼 때마다 힘이 솟고 밝은 미래가 내다보이곤 했다. 우리나라가 수출하는 대부분 상품을 직접 손으로 만져 보고 점검하셨던 대통령이 계셨기에 공장마다 밤새워 일할 수 있었고, 수출도 그만큼 증가하지 않았나 싶다. 그때의 국정 지표는 '증산 · 수출 · 건설'로 증산 없이는 수출할 수 없고, 수출하지 않고는 건설할 수 없다고 하였다.

영세기업 제품에 대한 수출진흥책이 회의 주제였던 1975년 6월, 귀금속 및 신변세화류를 전시하였다. 이 전시회 때 연마기 공동 사용을 위한 귀금속 가공 공업단지 조성 건의를 대통령께서 받아들였다. 그래서 1976년 이리귀금속보석단지가 탄생하게 됐다. 그뿐인가. 1974~75년, 3회에 걸쳐 북한 · 소련 · 중국 · 동유럽의 상품을 수집 전시하여 동유럽과 북방지역에 대한 간접수출 촉진과 경제외교 기반조성의 분위기를 고조시켰다.

또한 1976년 5월, 중앙청 광장에 옥외 전시장을 설치하여 전국의 수출기계류를 전시하였다. 애초 하루만 전시할 계획이었으나 대통령의 특별 지시로 많은 시민과 공무원, 기업인이 관람할 수 있도록 3일간 연장 전시하였다. 이 전시회에서 기계공업 육성자금 5억 원씩을 전시 참가업체에 지원해 주었으며, 현재 여의도에 있는 한국기계공업진흥회관이 신축된 것도 바로 이 기계전시회 때의 건의에 의한 결과였다. 이처럼 이 전시회가 남긴 성과와 일화는 상품 하나하나에 서려 있다.

대통령께서 수출상품을 직접 만져보시면서 현장감 있는 시책들을 마련해 주셨다. 중앙청 중앙홀에 울려 퍼지던 그 카랑카랑한 박 대통령의 수출확대를 위한 수많은 지시 사항이 지금도 내 귀에 들려오는 듯하다. 국정 최고 책임자의 그런 강한 집념이 있었기에 '수출입국(輸出立國)'이 되었고 오늘날 연간 5천억 달러의 수출을 하게 된 원동력이 아니었을까. 지금 생각해 봐도 기적 같은 수출 신장이었다.

제1차 경제개발5개년(1962~1966) 계획이 시작될 당시에 5천만 달러에 불과했던 우리나라 수출은 1964년 11월 30일에 획기적인 1억 달러의 수출목표를 달성하면서 얼마나 기뻐했던가. 그해 12월 1일 박충훈 상공부 장관이 "어제 날짜로 수출액이 1억 달러를 돌파했습니다"라고 보고하자, 대통령은 그 소식에 눈물을 글썽이며 "봐라, 하면 되지 않느냐, 이제 시작이다." 라고 감격스러워했다는 기록이다.

그 감격으로 1억 달러를 수출한 날(11.30.)을 기념하고자 '수출의 날'로 제정하였다. 그 후 1987년부터 '무역의 날'로 개칭하여 매년 행사를 개최하고 있다. 이러한 우리의 수출은 1977년에 100억 달러, 1995년에 1천억 달러, 2017년 말 5,737억 달러로 높은 신장을 나타냈다.

그렇다. 우리는 지난날 한강의 기적을 이뤘다. 조반석죽(朝飯夕粥 · 아침엔 밥 저녁엔 죽)의 보릿고개 가난도 벗어난 지 오래다. 이처럼 가난을 극복하게 된 것도 지난날 '하면 된다.', 우리도 한 번 '잘살아 보자'란 지도자의 강한 집념과 국민의 통합된 의지로 열심히 일해 왔기 때문이 아닐까.

지금 이 정도의 경제생활을 할 수 있게 된 것도 박 대통령의 덕이 아닌가 싶다. 1960년대까지만 해도 머리카락을 잘라 미국에 수출하고, 갯벌의 지렁이를 파서 일본에 선적하곤 했는데, 2018년에 1인당 국민소득 3만 달러 시대에 들어섰다. 세계에서 수출 7위, 경제 12위로 발돋움했다.

흔히 '어떤 일에 집념하지 않고는 되는 일이 없다'라고 한다. 맞는 말이다. 지난 역사가 그러하듯, 여건이 어려울수록 한 가지 일에 몰두하지 않고는 그 일을 성취할 수가 없다. 부존자원이 부족하고 국내시장이 좁은 우리는 계속하여 강한 수출 드라이브 정책이 필요하지 않을까.

그리고 지난날의 범국민적인 수출 의욕을 다시 되살려야 하지 않을까? 노동자도 기업인도 대통령도 다 같이 수출 열기를 다시 불러일으켰음은 싶다. '수출입국'이라는 대통령의 휘호를 직장마다 내 걸고 '하면 된다.'는 신념으로 뭉쳐서 일했던 지난날이 그립다. 그 대통령에 그 국민이었다. 앞길이 암울할수록 '봐라' 하시던 대통령의 자신감이 아쉽다.

제값 못 받는 상품을 일일이 만져가며 해결 방안을 지시하시던 중앙홀은 흔적도 없다. 대통령이 이루고자 했던 '수출입국'을 늘어가는 액수로만 느낄 수밖에 없는 게 또한 아쉽다.

가능할 수만 있다면, 헐린 중앙청 중앙홀 그 자리에 표지판 하나를 세웠으면 싶다. '수출 한국의 집념이 서렸던 곳'이라고.

옆 보고 크는 나무

땡볕이 쏟아지는 한여름, 서울대공원 둘레길을 걷는다.

동행한 친구가 "저것 좀 봐!" 하며 손짓한다. '치유(治癒)의 숲'에 있는 나무가 하나같이 하늘 높이 솟아 있다. 20~30m쯤 돼 보인다. 다른 나무보다 더디 자라는 소나무를 비롯하여 팥배나무, 생상나무, 신갈나무 등이 이깨동무하듯 같은 높이로 나란히 성장해 있다. 미처 곁가지를 뻗을 겨를이 없이 위로만 솟구쳐, 몸이 가늘고 미끈하다.

종(種)이 다른 나무가 어떻게 같은 키로 자랐을까? 곁 나무의 그늘에 가리지 않으려고 제 살을 줄여가며 옆 보고 큰 나무다. 곁 나무에 뒤처지면 햇볕을 받지 못해 광합성작용을 할 수 없다. 영양분을 만들 수 없는 나무는 죽기 마련이다. 그래서 옆 나무에 지지 않으려고 경쟁하듯 자란 나무다. 나무만이 아니다.

풀의 일종인 갈대도 그러하였다. 지난가을 여의도 샛강공원에 군집한 갈대도 같은 키였다. 옆 보고 서로 눈높이를 맞춰가며 2m 정도의 키로 성장한 갈대. 가을바람이 불면 서로 몸을 비벼가며 수많은 작은 꽃이삭으로 황금 물결을 이뤘다. 서로 의지하며 다 함께 자랐다. 공생공영(共生共榮)하였다. 우리도, 나도 그랬으면 싶었다.

나무와 갈대같이 사람도 옆 보고 큰다. 대학자, 율곡 이이(李珥, 1536~1584)는 어머니(申師任堂, 1504~1551)를 보고 자랐다. 늘 경문(經文)을 익히고, 때때로 바느질과 자수(刺繡)하면서 시문(詩文)을 읽고, 그림을 그리며 사는 어머니가 사표(師表)였다.

그와 같은 어머니, 가장 가까운 옆 사람, 신사임당이 있었기에 일찍부터 학문을 배웠다. 열세 살에 진사초시(進士初試)를 비롯하여 아홉 번이나 장원급제했다. 그 덕에 황해도 관찰사(觀察使), 대사헌(大司憲), 이조(吏曹) · 형조(刑曹) · 병조(兵曹)의 높은 관직을 역임했다. 조선 유학계(儒學界)에 퇴계 이황(李滉)과 쌍벽을 이룬 대학자로 성장했다. 모자(母子)가 우리나라 화폐의 주인공이 됐다. 이이가 오천 원권, 신사임당이 오만 원권 '화폐의 인물'이 될 수 있었다.

모자의 성공이다. 열심히 사는, 노력하는 이의 옆에 있어야 잘 자란다. 그게 서로 도움이 될 수 있는 상생의 삶이다. 그래서일까. 누구나 옆 보고 자란다. 내 곁의 애들도 나를 쳐다보고

자랄 것이다. 내 마음의 씀씀이는, 일거수일투족의 행동은 애들 성장의 표본이 될 것이다.

성공할 아버지의 삶도 예와 크게 다르지 않을 것이다. 돈 많이 번 부자나 바깥 생활이 활발하다고, 삶의 형편이 좀 나아졌다고 성공한 아버지라 단정할 수 없을 것이다. 그것보다는 자신의 삶에 최선을 다하고 본분을 잊지 않는 품위 있는 아버지일 것이다. 자녀로부터 '나는 아버지의 삶을 닮고 싶습니다'란 말을 들을 수 있는 사람이 본보기상(像)일 것이다.

'치유의 숲'에 높이 자란 나무들, 습지를 가득 메운 같은 키의 갈대들, 옆 보고 자란 이이의 성공을, 그리고 품위 있는 '아버지상(像)'을 되뇌면서 하루하루 내 일상의 삶을 가다듬으리라.

눈인사

출근길, 여의도역에서다.

전부터 몇 번 눈이 마주쳤던 낯익은 여인의 눈인사를 받는다. 미소 띤 환한 얼굴, 얼떨결에 나도 목례(目禮)한다.

언제 어디에서 만났을까? 기억이 묘연하다. 같은 아파트 엘리베이터에서 몇 번 만난 이웃일지 모르지만, 그 얼굴이 눈앞에 어른거린다. 사무실 창밖을 내다보며 커피를 마시는 내내 그 환한 표정이 꽃처럼 흔들린다. 다시 만날 땐 아이스크림이라도 같이 먹어가며 불씨를 찾아야지.

그런 기대 때문인지 온종일 기분이 좋다. 좀처럼 진전이 없던 글도 뒷말이 꼬리를 물며 실처럼 슬슬 풀려나온다. 눈인사 한 번 받고 답례한 게 이런 동력이 될 줄은 미처 몰랐다.

그동안 얼마나 많은 기회를 놓쳤을까? 아침마다 전철 타고 사무실에 출근한다. 여의도가 증권가라서 그런지 역에서 나온 사람들의 눈은 하나같이 스마트폰에 가 있다. 화면을 보며, 그으며 걷는다. 오가는 이가 다 그러하다.

나 또한 예외가 아니다. 에스컬레이터에서 발을 떼자마자 으레 손전화를 연다. 카카오톡 · 메시지 · 밴드 앱(App)을 눌러대며 걷는다. 그랬는데 오늘은 비둘기 한 쌍이 내 앞에 훨훨 날아가고 있어, 슬쩍 고개 드는 순간 그 여인의 시선을 받았으니, 인연인지 모르겠다.

'눈인사, 참 중요하다'란 생각이 든다. 스마트폰이 편리하긴 하지만, 그 장점만큼이나 놓치는 게 많다. 손 흔드는 가로수의 반김을, 훨훨 날아가는 철새들의 날갯짓을, 아침을 여는 해맑은 햇살을…. 그것보다 오가는 사람을 그냥 지나친다. 손잡을 수 있는 반가운 이를 보지 못한다. 눈이 화면에 가 있으니, 만날 사람을 못 보는 건 당연하나.

그동안 놓친 사람들이 아쉽다. 뭣이 그리 급해 화면에서 눈을 떼지 못했을까. 책 읽고 글 쓰며 한가한 시간을 보내는 요즘이 아닌가. 그런 내가 무엇 때문에 촌음을 아껴 쓰는 직장인들처럼 스마트폰 화면에 집착하였을까. 눈뜬장님으로 설었을까?

남 따라 그랬다. 직업상 실시간으로 들어오는 사건·사고 뉴스나 증권 시세 등에 촉각을 곤두세워야 하는 현업원들이 화면에 눈을 굴리고 있어, 나도 무의식적으로 따라 했을 것이다.

시간에 쫓기지 않으면서도 흐르는 물결에 그냥 실려 다닌 자신! 줏대 없이 남의 그림자만 쫓은 '삶의 지각생'이 이래서가 아닌가.

때론 시시각각 일어나는 사건 뉴스나 세상 돌아가는 사정을 아는 것도 중요하지만, 지나쳤을 귀한 사람에 비견할 수 있겠느냐는 생각이 든다. 지금 내 곁을 지나가는 이도 언젠가 다시 만나거나 앞으로 눈인사할 인연으로 이어질 사람이지 싶다.

아는 이가, 내가 그리는 사람들이 지나갔을지도 모른다. 만나서 오순도순 긴 얘기 나눌 이도, 차마 속내를 내비치지 못하고 얼굴이 저절로 붉어지는 이도 더러 있었을 거다. 다시 만날 수 없는 그런 사람들을 지나쳤지 않았는가. 어쭙잖은 일이다. 손전화 읽는 거로 몇 년에 한 번 만날까 말까 한 '꽃' 같은 사람을 놓쳐서야!

그런 회한 때문일까, 퇴근길에 손전화를 아예 가방 깊숙이 넣는다. 오가는 이의 얼굴을 읽는다. 행여 아침에 본 그 여인이 걸어올까. 낯익은 얼굴이 또 눈에 띌까? 지금부터 '낯익은 이가 보이면 미소 띤 얼굴로 내가 먼저 눈인사를 해야겠다'라며 두 눈을 두리번거린다. 걸으면서 되뇐다.

'내가 남을 보지 않으면 남도 나를 보지 않는다.'

낡은 바지, 그 헐렁하고 덤덤한

입을 옷이 마땅찮을 때 손이 가는 바지 하나가 있다.

그 옷은 내가 뉴올리언스무역관 근무 때 집에서 막 입으려고 산, 모 60%, 견 40%의 체크무늬 바지다. 뒷주머니에 'PGA' 마크가 표시된 쇠 단추가 달려 있고, 앞부분 허리띠 고리에도 사각형의 쇠붙이 라벨이 달린 설 보면 골프바지이지 싶다.

미국프로골프인협회(PGA)의 라벨을 앞뒤로 달고 있으니 자신만만하게 만든 옷이란 느낌이 든다. 1979년 백화점 세일에서 샀으니 어느덧 40년간 나와 같이 살아온 정든 허드레옷이다. 파란 잔디를 밟는 골퍼가 입어야 할 바지를 내가 힘부로 대하는 것 같아, 늘 미안한 생각이다. 신분을 격하하여 바깥나들이나 집안의 작업복으로 입으니.

가까운 슈퍼에 쇼핑하러 갈 때, 비가 추적추적 내리는 날

동네 다방에 친구를 만나러 나갈 때, 자투리 시간에 가까운 공원이나 마을 주위를 한 바퀴 돌 때, 집에서 청소하거나 거실에서 티브이를 볼 때….

그 바지를 옷장에서 꺼내 입는다. 품도 헐렁하고 바짓가랑이도 넓어, 때 지난 패션이나 그 바지를 입으면 마음이 편안하다. 그도 그럴 것이 갑자기 내리는 가랑비를 맞아도, 옷에 구김이 좀 생겨도 그리 신경 쓰지 않는다. 공원을 산책할 때 먼지 묻은 나무 의자에 앉아도 거리낌이 없다. 집에 돌아와 그 먼지를 툴툴 털고 그냥 옷걸이에 걸어도 아무런 불평 없이 다음 기회를 기다려주는 듯하다.

은근히 외출을 바라는 바지다. 왜 그렇지 않겠는가. 허구한 날 캄캄한 옷장에 갇혀 산다. 습기에 얼룩이 지고 곰팡이가 피기도 할 텐데…. 때때로 바깥바람을 쐬고, 내 체온도 올 올에 품을 수 있었기에 오랜 세월 동안 제 체모를 지켜오지 싶다.

그러니 상생(相生)이다. 이국에서 우연히 만났지만, 하나의 인연이다. 내가 그를 애용하는 건 때가 타지 않고 보드라운 질감이 마음에 든다. 단색이 아니고 파랑, 노랑, 갈색의 실이 가로세로로 짜여 싫증이 나지 않는다. 유행이나 디자인과 상관없는 덤덤함이 이 바지를 40년이나 즐겨 입게 한 이유이다. 바지통이 몸에 딱 붙는 요즘의 패션 물결에도 불구하고 시간을 역주행하는 통 큰 넉넉함이다.

그 '헐렁하고 덤덤함'이, 바지뿐이겠는가. 어디 그런 이가 없을까? 이 바지같이 마음이 여유롭고 덤덤한 사람. 심심할 때 약속 없이 찾아가도 환한 웃음으로 반겨주는 사람, 만나면 그저 마음이 편안하고, 까다롭지 않아 허물없이 대화할 수 있는 헐렁한 사람.

상대만이 아니다. 나 또한, 이 '낡은 바지' 같은 늙은이로 살았으면 좋겠다. 그 헐렁하고 덤덤한.

붉은 치마들

두 부인이 보고 싶은 남편을 만날 수 없었다. 그 기구한 사연이 가슴을 아리게 한다.

그중 한 사람, 중종(中宗)의 왕비 얘기다.

연산군(燕山君, 1476~1506)의 광기 어린 폭정으로 신하들이 중종반정*을 일으켰다. 이 사건으로 연산군이 폐위되고 그의 이복동생, 진성대군(晉城大君)이 제11대 왕으로 추대됐다. 왕위에 올랐으나 기쁘지 않았다. 왕비 신 씨(愼氏)의 아버지 신수근(愼守勤)이 연산군의 최측근(좌의정)이었기에 반정군(反正軍)에 척살(刺殺)됐다. 반정공신들이 역적의 딸을 왕비로 모실 수 없다는 이유로 책봉된 지 이레 만에 정분이 두텁던 부부를 생이별시켰다.

왕의 힘으로도 어쩔 수 없는 높은 파고였다. 후환을 두려워하는 반정공신들의 생사가 달린 문제였으니. 중종의 반대에도 반정군이 왕비를 폐위시켰다. 날벼락이었다. 사상(史上) 가장 짧게 중전 자리에 앉았던 신 씨는 인왕산 자락 움막 같은 사가(私家)로 내몰렸다.

중종과 중전은 각각 열한 살, 열두 살 나이에 혼인했다. 서로 소꿉놀이해가며 오손도손 정답게 살았다. 바람이 불면 서로 의지하는 나뭇가지처럼 늘 함께 다녔다. 팔 년간 그렇게 살았으니 정이 두터웠다. 속속들이 쌓인 그 정을 가르는 건 생살을 찢어내는 것과 진배없었다. 그것도 피 끓던 나이에 갈라서게 하였으니.

그들이 원하여 왕위에 오른 게 아니었다. 추대해준 왕이었기에 반정공신들의 전횡에 휘둘렸다. 의지하고 살던 아내를 잃었던 왕자(王座)였다. 격식 따라 근엄하게 앉아 있어야 하는 왕의 자리에서 그 고적함이 오죽했을까. 바깥이 맑은 날이면 경회루에 올라, 인왕산 신 씨의 사가(私家) 쪽을 물끄러미 바라보며 그리워했다. 그 소식을 전해 들은 신 씨는 궁중에서 자주 입던 '붉은 치마'를 인왕산 바위에 펼쳐놓았다. 자신의 안부를, 만나고 싶은 '아픈 그리움'을 그 치마폭에 감은 메시지였다.

중종이 경회루에서 그 '붉은 치마'를 쳐다봤을 심정이 어땠을까. 그 치맛자락이 펄럭이면 가슴이 요동치지 않았을까? 사람들은 이 바위를 '치마 바위'라고 불렀다. 지금도 그 바위는

할 말을 잊고, 경회루를 내려다보는 듯하다. 그 치마폭엔 신씨의 애간장이 녹아 있었을 거다. 뗄 수 없었던 부부의 애틋한 정을 이어준 '가교'였으니, 역사의, 인간의 아이러니였다.

또 한 사람, 다산 정약용(茶山 丁若鏞, 1762~1836)의 부인 홍씨 사연이다.

다산은 조선 후기 실학자이자 개혁사상가였다. 1801년(순조 1년), 40세 때 천주교에 가해진 박해로 경상도 장기(현재 포항시 장기면)를 거쳐 전라도 강진으로 유배됐다. 그 유배지에서 18년 동안 제자들을 가르치고 학문에 몰두하여, 애민 우국 정신과 실사구시(實事求是)의 개혁 사상을 500여 권의 책에 담았다.

그 유배 시절(1810) 부인 홍 씨가 만나고 싶은 마음이 밴 여섯 폭 다홍치마를 남편에게 보냈다. 다산의 나이 49세 때였다. 노을빛 치마를 뜻하는 '하피(霞帔)*'는 부인 홍 씨가 시집올 때 입었던 '붉은 치마'의 빛바랜 모양을 은유적으로 표현한 말이었다. 다산은 그 치마를 마름질하여 만든 친필 '하피첩'을 답신으로 보냈다.

이 하피첩에 두 아들(학연, 학유)에게 전하고 싶은 당부의 말을 적었다. 가족 간의 유대, 선비에게 필요한 마음가짐, 삶의 태도 등 교훈을 줄 만한 내용을 썼다. 필적도 한 가지 서체가 아니었다. 행서(行書)와 행초서(行草書), 전서(篆書)와 예서(隸書)

등으로 정약용의 전형적인 서체를 남겼다.

그 하피첩 서문에 다산은 자신의 마음을 고스란히 담았다.

병든 아내가 치마를 보내/ 천리 밖에 그리워하는 마음을 부쳤는데/ 오랜 세월에 홍색이 이미 바랜 것을 보니/ 서글피 노쇠했다는 생각이 드네./ 잘라서 작은 서첩을 만들어/ 그나마 아들들을 타이르는 글귀를 쓰니/ 어머니 아버지를 생각하며/ 평생 가슴속에 새기기를 기대하노라.// 가경(嘉慶) 경오년(1810) 9월 다산의 동암(東庵)에서 쓰다.

다산은 자상한 아버지였다. 1813년 7월, 시집가는 딸에게도 서첩을 보냈다. 부인이 보낸 빛바랜 비단 치마 조각에 매화와 새를 그리고, 그 밑에 시를 써서 〈매화병제도(梅花屛題圖)〉란 작품을 만들었다. 참새 한 쌍이 다복한 가정을 꾸미고, 풍성한 열매를 맺어 집안이 번창하기를 기원한, 아버지의 마음을 적었다. 이보다 더한 부정(父情)의 당부가 또 있을까. 잔잔한 여운이 이는 시구(詩句)다.

포롱 포롱 날아온 새/ 우리 집 매화 가지에 쉬는구나/ 꽃향기 짙으니/ 그래서 찾아왔겠지/ 여기 머물고 깃들어/ 내 집안을 즐겁게 하려무나/ 이제 꽃 활짝 피었으니/ 열매도 많이 열릴 거야.// 1813년 7월 14일에 열수옹*이 다산 동암에서 쓰다.

두 '붉은 치마'는 부부간이지만 서로 떨어져 살 수밖에 없었던 부인들이, 남편을 그리는 '아픈 마음'을 치마에 담아 보낸 애절한 사연이다. 절실한 정감이 치마 올 올에 밴 내간(內簡)이다. 만나고 싶었던 뼈저린 그리움이다.

나는 그런 그리움이 있었던가. 물론 왕과 대학자에 내 삶을 비견하긴 주제넘을지 모르지만, 부부간 정이야 신분과 무관할 거다. 군 생활과 외국 근무 등으로 더러 떨어져 살았지만, 그토록 절절한 정감을 나누지 못한 아쉬움이 있다. 내 탓이다. 평소에 무뚝뚝한 찬 성격 때문이다. 그래선지 그분들의 사연이 심금을 휘젓는다. 내가 당사자인 양 눈앞에 두 '붉은 치마'가 자꾸만 어른거린다. 그리움도 노욕(老慾)인지.

*중종반정(中宗反正) : 문신 박원종(朴元宗)이 연산군의 폭정에 유순정(柳順汀), 성희안(成希顔) 등의 훈구(勳舊) 세력과 함께 임금을 몰아내고 진성대군 이역(晉城大君 李懌)을 왕으로 추대한 사건.

*하피(霞帔) : 노을 빛깔의 붉은색 치마란 뜻으로 조선 시대 사대부 여인의 예복을 가리킨다.

*열수옹(列宿翁) : 당하관((堂下官), 즉 낮은 벼슬의 할아버지.)

서울 가는 흰 구름

영천(永川)중학교 3학년 때였다. 토요일 석양 무렵, 여느 주말처럼 학교에서 돌아와 소 몰고 들로 나갔다. 소에게 꼴을 먹이기 위해서였다. 무학산(舞鶴山·445m) 정상에 흰 구름이 흐르고 있었다. 백마가 달려가는 형상이었다. 그 구름 너머 세상이 이상향(理想鄕) 같았다. 한참 동안 쳐다봤다. 내가 꿈꾸며 가고 싶은 이상향은 서울이었다.

'그래, 서울로 가야지.' 큰물에 놀아야 한다고 하지 않는가. 그런 생각이 떠오른 것은 우연이 아니다. 서울 D 신문사 기자로 근무하던 사촌 형을 부러워했기 때문이다. 나만이 아닌 고향 사람 누구나 형이 서울 가기를 잘한 일로 여겼다.

하지만 서울은 멀고 멀었다. 당장 갈 수 없었다. 6 · 25전쟁으로 북한군이 주둔하고 있었다. 언젠가 전쟁이 끝날 것으로 생각하면서 우선 대구에 있는 고등학교에 진학하기로 마음먹었다. 졸업 후 취직을 고려하여 상업학교에 응시했다. 대구상고로부터 합격 통보를 받은 후 3일 만이었다. 친구들의 축하 인사를 받으며 영천우체국 앞을 지날 때였다. 한 장의 포스터가 눈에 띄었다.

국립 체신고등학교 신입생 모집 광고였다. 특전이 많았다. 졸업하면 공무원으로 임용되는 데다 학비가 국비였다. 기숙사도 있다고 했다. 또한, 전쟁이 끝나면 서울로 환도한다는 말에 솔깃했다. 서둘러 지원서를 보냈다. 들뜬 마음으로 2주간 절간에 들어가 입시 공부에 밤을 새웠다. 전국 각지에서 모여든 응시자가 많았다. 큰 기대는 하지 않았다.

꿈은 현실로 돌아왔다. 합격통지서를 받았다. 아버지는 가까운 대구상고에 진학하길 바라셨다. 수업료가 들지 않는다는 말씀을 드리고 부산 가는 열차를 탔다. 그 열차가 흰 구름 속을 달리는 것 같았다. 학교는 영도(影島) 전차 종점에 있었다. 구호 식량이 산처럼 쌓인 야적장에 판자로 지은 임시 교사(校舍)였다.

낮엔 교실이었고 밤엔 기숙사였다. 수업이 끝나면 책상을 한쪽으로 밀치고 그 흙바닥에 자리를 깔고 잠을 잤다. 식사당번이 밥과 국 통을 가져오면 교실이 떠들썩했다. 전국 각지의 사투리가 합성돼 들렸다. 제주 애월(涯月)에서 온 Y 학생은 기차의 기적 소리를 처음 듣는다고 했다.

입학한 그해의 여름은 무더웠다. 휴전 반대 열기가 더위를 더했다. 연일 데모에 동원됐다. 머리에 흰 수건을 두르고 부산 광복동 거리를 달리며 '휴전 반대' 구호를 외쳤다. 그러나 대세는 기울었다. 1953년 7월 27일 판문점에서 휴전협정이 체결됐다. 결사반대 데모를 했지만, 휴전 소식이 기뻤다. 흰 구름 저 너머의 서울이 가까워져 오는 것 같았다.

그해 9월 13일, 부산역 출발 환도 열차는 만원이었다. 기적 소리도 우렁찼다. 아홉 시간이나 달려 한강을 건넜다. 꿈에 그리던 흰 구름이 떠가던 그 이상향, 서울에 도착했다. 원효로에 있다는 본교는 영국군이 주둔하고 있었다. 임시로 종로5가 연지동에 있는 서울보험저금관리국 청사에 들어갔다. 7층의 붉은 벽돌건물이었다. 거기에서 기숙하며 공부했다.

전쟁의 상처는 그때까지도 다 복구되지 않았다. 시가지 곳곳에 파괴된 건물의 잔해가 남아 있었다. 어수선한 거리였다. 통신요원도 부족하다고 했다. 그래선지 미처 학교를 졸업하기 전에 근무지에 보냈다. 광화문에 있던 국제전신전화국(KIT)이 나의 첫 직장이었다. 흰 구름이 닿은 곳인 듯했다.

그로부터 낮에 직장에서 일하고 밤엔 학교에 나가 공부했다. 대학 과정을 마칠 때까지 고학한 셈이었다. 주경야독의 고비를 넘기고 어느 정도 생활이 안정될 무렵 영장을 받았다. 군에 입대했다. 전방에 근무하던 중 운 좋게도 카투사(KATUSA)로 전속명령을 받았다. 경기도 시흥에 있는 미 8군의 병기중대였다.

영문 타자를 칠 수 있었던 게 다행이었다. 중대본부에서 인사와 보급을 담당했다. 미군들과 같은 사무실에서 근무했다. 그런 덕으로 영어 원어를 익힐 수 있었다. 3년간의 군 복무를 마쳤다.

집에 돌아오니 거리마다 '증산 · 수출 · 건설'의 플래카드가 펄럭이었다. 그 물결을 타고 싶었다. 새로 설립한 정부 수출진흥기관(KOTRA)에 들어갔다. 국내 조직보다 해외조직망이 더 컸다. 주요 수출 대상국에 무역관이 있었다. 6년 동안 관련 업무를 익혀 수출 첨병으로 외국 가는 항공기를 탔다. 창밖에 스치는 흰 구름이 손에 잡힐 듯했다.

일본 · 미국 · 브라질 등지로 옮겨 다니면서 수출시장을 개척했다. 힘들었지만 뛰면 그만큼의 수출실적이 올라가 보람을 느꼈다. 국외 3년, 국내 1년의 순환 근무를 하면서 30여 년의 세월이 흘렀다. 정년이 됐다.

앞으로 무엇을 할까? 전반기의 삶은 학업과 군 복무, 그리고 먹고살기 위한 직장생활이었다. 이제부턴 어릴 적에 꿈꿨던 기자 생활, 아니 '글쓰기'로 마음먹었다. 그동안 닫혔던 내 마음의 문을 열고 내면의 소리에 귀 기울이고 싶었다. 그렇게 시작한 '수필의 길'은 만만치 않았다. 가도 가도 멀기만 하였다.

내 수필의 길, 즉 '마음의 서울'은 아직도 흰 구름에 가려 있다. 이따금 관악산을 바라본다. 어릴 적 무학산을 쳐다보고 여기까지 걸어왔듯이, 저 관악산 흰 구름 따라가면 또 하나의 '서울'에 닿을 수 있을 것 같다. 서울은, 내 마음의 이상향은 산 넘어 그 산 너머에 있으니까.

버드나무 시 쓰듯

여의도 샛강생태공원 연못가에 버드나무 몇 그루가 살고 있다.

영리한 나무다. 수시로 갈증을 해소할 물가에 뿌리를 내린다. 봄이 오면 숲속의 다른 식물보다 먼저 눈을 뜬다. 일찍 깨는 부지런함에다 먹을거리가 늘 곁에 있으니 생장이 빠르다.

실처럼 가는 가지에 수많은 잎을 단다. 물 위에 가지를 쭉 내려뜨려 연못에 사는 동식물의 모습을 눈여겨본다. 천연기념물 황조롱이를 비롯하여 흰뺨검둥오리, 왜가리, 물거미, 버들치, 말즘 등을. 보는 것만이 아니다. 시상(詩想)을 떠올리는 것 같다. 그러다가 바람이 일면 물 위에 시를 쓴다.

무슨 시를 쓰는지는 알 수 없지만, 바람이 멈추면 조용히 제자리에 선다. 묵상하듯 사색한다. 그러면서 또 주위를 살핀다. 그런 삶을 되풀이한다. 하루에도 수천 번 아니 수만 번 사색하다가 시를 쓴다. 이상희(李相熙) 전 산림청장이 〈버드나무와 문학〉에서 말하듯 시가(詩歌)에서 노래한 어구(語句)가 다른 어느 나무보다 많다. 시인처럼 시어(詩語)를 가슴에 품고 산다.

봄에 눈뜨는 버들을 신류(新柳)·눈류(嫩柳)라고 하고, 눈이 나온 버들을 청류(靑柳)·취류(翠柳)라고 칭한다. 또 버들잎의 산뜻한 색조를 유색(柳色)이라고 하고 선명한 푸르름을 유록(柳綠)·녹양(綠楊)이라고 부른다.

버드나무가 무성해서 주변이 어두운 모습을 띠면 유영(柳影)·유음(柳陰)이라고 하고, 버들에 안개가 자욱한 것을 유연(柳煙)이라고 한다. 버드나무가 늙으면 품위가 있다고 하여 고류(枯柳)·잔류(殘柳)라고 이른다. 버들가지가 바람에 날리는 모습이 각별한 풍취를 자아낸다고 하여 유풍(柳風)·양풍(楊風)이라고 부르기도 한다.

이처럼 옛 선비들이 시어(詩語)나 노래 가사로 버드나무의 아름다움을 읊고 썼다. 그만한 미(美)가 있다고 공감한다. 어떻게 하면 저런 '미'를 가슴에 품고 살까. 또한, 감성이 예민하고 유연하여 시인의 마음을 닮은 것 같다.

그런 유연함으로 바람이나 외세에 춤추듯 흔들리다가 제자리에 멈춰 선다. 나는 어떤가? 세상의 미풍(微風)이나 닥치는 현실 불만에도 숯불처럼 반응한다. 의연하지 못하고 성급히 표출한다. 바람이 잠잠하거나 별일이 없어 조용하면 쓸데없이 바깥으로 나도는 나의 행보. 묵묵히 사색하는 버드나무에 배워야 할 단점이요, 본받을 일이지 싶다. 이른 아침마다 버드나무 앞에 서서 풍기는 시구의 향기를 음미하며, 유연하게 사는 그를 닮고 싶어 한다. 그것만이 아니다.

봄이 오면 일찍 눈뜨는 버드나무의 부지런함, 온 힘을 다해 깊은 지하의 물을 뽑아 올려 제 식구에게 나눠주는 지극한 '효심과 자식 사랑'이 유별나다. 자연은 신통하다. 바람이 계속하여 불지 않는다. 간간이 불어오다가 멈추면 천연(天然)하게 시사(詩思)를 가다듬는다. 바람이 일면 득달같이 물 위에 시를 쓰는 저 천성을 배우고 싶다.

그처럼 선비 같은, 스승 같은 버드나무가 아침마다 내 산책길에 있다는 건 큰 행운이다. 갈대와 물억새가 무성하게 자라는 생태 숲속에서 물 위에 드리운 버드나무 가지 사이로 언뜻언뜻 보이는 수상 동식물의 모습이 한 폭의 그림처럼 아름답다. 그 정원 같은 정자 같은 곳에서 떠올리는 시상이 궁금하지만 물어볼 도리가 없다.

오늘같이 무더운 날이면 버드나무가 10여 미터의 땅속에서 물관으로 물 뿜어 올리는 소리를 듣는다. 나무줄기의 마디나 껍질 틈새로 하얀 물거품을 톡톡 품어내는 소리를 들을 때면 저런 힘이 어디에서 나올까. 물끄러미 바라보며 내게 묻는다. '나는 저토록 열렬히 산 적이 있는지?'를.

내게 샛강생태공원은 고향 같다. 찔레와 아까시나무가 있고, 쑥과 민들레가 자생하고, 물거미도 서식하니. 또한 버드나무는 시인 같다. 틈만 나면 시를 착상하고 흔들리면 시를 쓰니. '나는 저토록 시를 써 본 적이 있는지'를 내게 묻는다. 비록 무릎 칠 만한 시가 아닐지라도 '버드나무 시인' 같이 바람 따라 시 쓰는 삶이 부럽다.

또 바람이 인다. 버드나무 가지가 물 위에 붓질하듯 시를 쓴다. 나도 그랬으면 좋겠다. 바람 따라 유연하게 흔들리다가도 주위가 고요해지면, 제자리에 멈춰서서 시상을 가다듬는 저 여유로운 시인의 삶을 본받고 싶다.

5부

용문산 물소리

용문사(龍門寺)를 찾는다. 곱게 물든 은행나무 단풍을 보기 위해서다. 일주문을 들어서니 물소리가 들린다.

졸졸졸~, 산기슭에 흐르는 도랑물(폭 30~40cm)이다. 우거진 나뭇가지 사이로 내리는 아침 햇살이 빛난다. 도랑에 깔린 높고 낮은 돌에 출렁이는 물결이 반짝인다. 한참 바라보고 있으니 지나가는 스님이 말한다. "이 물은 용문산(1,157m) 계곡 따라 흘러온 자연수입니다."

맑디맑은 물이다. 흐르는 물소리가 청청(淸淸)하게 들린다. 물은 그냥 얕은 데로 출렁이지만 나를 평온하게 하는 힘이 있다. 들뜬 내 마음을 차분하게 가라앉혀준다. 절[寺] 가는 길에 흐르는 물이라서 그럴까, 아득히 높은 용문산 깊은 계곡에서 씻겨온 물이라서 그럴까, 아니면 산자락 숲을 끼고 흐르는 물이기 때문일까? 여느 물보다 청정(淸淨)해 보인다. 나의 때를 씻어주듯 시원하다.

산기슭을 덮은 맥문동 잎사귀도 맑은 물을 먹고 살아선지 짙푸르다. 건강해 보인다. 풀숲에서 찍찍거리는 벌레 소리, 짹짹대는 산새 소리가 흐르는 물소리와 한데 어울려 하모니를 이룬다. 자연의 연주다. 물결 속에 비치는 단풍은 한 장의 산수화다. 이곳의 풍취를 산자락에 서 있는 팻말이 말해준다. 〈맑은 행복, 양평〉.

'툭' 소리가 난다. 적갈색 도토리 한 알이 길가에 떨어지더니 또르르 도랑물에 합류한다. 데굴데굴 굴러간다. 그 도랑 너머 산자락에 핀 산국(山菊)이 시선을 끈다. 새로 나온 10원짜리 동전만 한 둥근 얼굴이 아침 이슬에 씻긴 듯 샛노랗다. 가장자리에 톱니 같이 박힌 꽃잎에서 국향(菊香)이 풍긴다.

이끼가 춤을 춘다. 돌 사이사이에 붙은 청사(靑絲)다. 연하고 부드럽다. 물결 따라 온몸을 흔드는, 현실에 적응할 줄 아는 이끼가 평화로워 보인다. 너울거리는 그 몸짓이 움츠린 내 마음을 열게 한다. 이끼를 내려다보고 있으니 시상(詩想)이 떠오른다.

초록의 치마 입고 원시림 품에 안겨
실처럼 가는 몸을 청수(淸水)에 펄럭인다
이처럼 부드러운 사람 어디 가서 만날까.

'구절초 길'이다. 20여 분 걸어온 길가에 구절초가 무리 지어 피었다. 연분홍 꽃이다. 제 꽃말처럼 '우아하다.' 그 꽃잎에 앉은 고추잠자리 몇 마리가 지난 세월이 아쉬운 듯 꽁지를 사린다. 추억을 사린다. 용문사가 가까워지는지, 나무마다 '龍' 자가 쓰인 연등이 줄지어 달렸다. 불경 소리, 목탁 소리 은은히 들려온다.

피안(彼岸)의 세계, 해탈교(解脫橋)다. 그 다리를 건너니 절보다 은행나무(천연기념물 30호, 높이 40m, 가슴둘레 11m)가 먼저 반긴다. '호국영목(護國靈木), 천년의 향기'라는, 동양에서 가장 오래 산다는 유실수다. 열매 많이 열리기로 소문나 있다. 여느 가을처럼 노랗게 익은 열매가 잎 따라 떨어진다.

천백 살을 넘긴 그녀는 여전히 건강하다. 장수(長壽)한다. 용문산 맑은 물을 먹고 사니까. 청청한 물소리를 끊임없이 들으니까.

박석

길을 걷고 싶을 때가 있다. 삼청동 가로수 길을 걷다가 경복궁 근정전(勤政殿)에 발길이 간다.

북악산 남쪽 기슭에 근정전이 있다. 조선 시대 최초의 궁궐인 경복궁의 정전(正殿)이다. 왕이 앞에서 조회하던 곳이라서 찾는 게 아니다. 문무백관이 품계(品階)에 따라 임금 앞에 서서 의식(儀式)하던 모습을 떠올리기 위해서도 아니다. 정전 앞마당에 깔린 넓석한 박석을 만나고 싶어서다.

박석(薄石)은 제 이름처럼 얇은 돌, 화강석이다. 땅에 깔려 흙을 덮어주고 걷는 사람들의 디딤돌이 된다. 눈에 부담스럽지 않은 회색이다. 구들장 두 배 정도 크기로 12cm 두께다. 돌 단면을 그대로 살려 끼워 맞춘 바닥이다. 다른 나라의 궁궐

마당처럼 매끈한 대리석 바닥이 아닌 게 특징이다.

얼굴이 거칠었기에 정궁(正宮) 앞에 올 수 있었다. 우툴두툴한, 고르지 못한 표면이 근정전 마당에 놓이게 된 까닭이다. 지난날 가죽신을 신었던 문무백관에게 미끄러움을 방지해 주었다. 햇빛을 난반사(亂反射)시켜 땡볕에 서 있어도 눈이 부시지 않게 하였다.

울퉁불퉁한 표면의 높낮음이 빗물을 고이지 않게 하였으며, 돌과 돌 사이 이음매를 따라 흘러가게 하였다. 또한, 거친 돌을 디디며 늘 긴장하고 조심스러운 몸가짐과 마음을 다잡으라는 뜻이었다고 한다. 박석을 밟는 내게도 그 뜻이 전해오는 듯하다. '마음을 다잡고 조심해 걸으라'고. 비록 시대는 다르지만, 박석이 나처럼 산골에서 이곳에 왔기에 더욱 정감이 간다.

박석은 1395년 근정전 창건 이래 가림막 하나 없는 지금의 자리에서 갖은 풍파를 겪었다. 임진왜란 · 일제강점기 · 광복 · 육이오전쟁 · 수복 등의 격랑을 맞아 일제의 군홧발에 밟히기도 하였으며, 전쟁의 포화에 몸이 찢기는 아픔을 견뎠다. 휘몰아치는 폭풍우에 살결이 벗기기도 한두 번이 아니었다.

나 또한 박석처럼 일제강점기 이후의 소용돌이 과정을 겪었지만, 우리나라의 발 빠른 산업화 진전에 따라 우후죽순처럼 들어선 아파트에 산다. 같은 엘리베이터를 타고 오르내리는 이웃과 서로 소통하지 못하고 남남으로 살아간다. 한 울타리, 한 번지에서 같이 살면서. 그뿐만이 아니다. 바로 위층에서 그

집 가족이 모이는 날이면 애들이 놀면서 뛴다. 천정이 쿵쿵거린다. 그럴 때면 순간을 참지 못하고 그만 층계참에서 다투기 일쑤다. 층간 소음이 층간 불화로 바뀐다. 이웃과 화합하지 못하는 자신이 아닌가?

박석한테 배울 일이다. 그들은 앞뒤, 옆 돌이 서로 손잡고 버텨준다. 밑돌이 받쳐주고, 윗돌이 지그시 눌러가면서 다독이는 화목한 '박석 일가'다. 그런 덕에 바닥에 틈새와 균열이 생기지 않았을 거다. 지난 긴 세월(623년) 동안 근정전 앞마당을 지킬 수 있었던 건 서로 물고 물리는 협력의 힘이지 싶다.

박석, 올여름처럼 뜨거운 날에도 서로 체온을 나눠가며 그 무게만큼이나 듬직하게 살아간다. 주인(왕)이 없어도 늘 긴장하며 이웃과 더불어 사는 당신이 부럽다. 그래선지 내 마음의 자은 마당에도 엷은 돌 몇 개를 깔았으면 하고, 오늘도 박석을 밟는다.

괜한 속병

40여 년간의 직장 생활을 마쳤다. 집으로 나앉으니 직장 다닐 때와 다른 변화를 느낀다. "밥 먹자, 술 마시자" 하며 다가오던 사람들도 뜸해졌다. 명절 때 주방에 놓이던 선물 상자도 보이지 않는다. 수시로 울리던 전화벨도 잠잠해졌다. 친지나 지인이 자주 와 앉던 거실 의자도 신문 잡지들만 쌓인다.

아내마저 내 곁에 있을 때가 드물다. 물론 천성적으로 무뚝뚝한 성격에다 아기자기한 말재주라곤 없는 내 탓이기도 하지만…. 친구들은 집에서 가끔 손자, 손녀들과 논다고 하는데 나는 그런 재미도 누리지 못한다. 자식들이 외국으로 제 갈 길로 떠났기 때문이다. 아들은 미국으로, 두 딸은 일본으로.

그러니 나이 든 부부만 사는 작은 영지(領地)에 가장이라고 집에 버티고 있어 봐야 아내는 달갑게 여기지 않는다. 틈만

나면 수영이다, 헬스센터다 하여 밖에 나가 보내는 시간이 많아져 간다. 월급 타다 주던 시절에는 끼니때만 되면 내가 좋아하는 반찬을 준비해 놓고 "국이 식어요."라고 따뜻하게 맞던 아내였다.

그러던 아내가 달라졌다. 어떤 때는 친구들과 밥 먹고 들어가니 중국 음식을 시켜 먹으라고도 한다. 가장이 집을 지키고 있어도 신경을 별반 쓰지도 않는다. 하기야 친구들과 술자리에 앉으면, 빗자루에 쓸려도 쓸려나가지 않고 빗자루에 달라붙는 '젖은 낙엽'처럼 아내에게 붙어 다니는 신세란 한탄이 서로 나오니, 나만이 겪는 처지는 아닌 듯싶다.

만감이 서린다. 일본 · 미국 · 브라질 등지로 근무지를 옮겨 다니며, 날마다 야근을 하고 휴일 없는 고된 외국 근무를 했는데, '이런 신세가 됐나' 싶어 심정이 착잡하기가 이를 데 없다. '이럴 줄 알았으면 진작 평생 월급 받을 직장이라도 구해 볼걸….'

전화가 온다. 막내딸이다. 아빠 엄마 결혼 40주년이라고 일본에서 오겠다는 것이다. 그 전화를 받자 아내는 신이 났다. 내겐 주지 않던 인삼을 달이고, 비싸다고 사 먹지 않던 명란젓도 사 오며 주방을 들락거린다.

나는 며칠간 딸아이와 같이 지낼 희망에 부푼다. 영화도 보고 음악도 듣고, 맛있는 집에 가서 식사도 해야지 하며 나름대로 찾아갈 곳의 순서도 꼽았다.

그랬는데 처음부터 기대가 어긋난다. 공항에서 집에 도착하자마자 딸애는 엄마와 같이 전에 다니던 미장원에 다녀온다며 둘이 팔짱을 낀다. '이럴 수가!' 하지만, "아빠 미안해요. 빨리 돌아올게요."라고 미소 지으며 나서는 딸애를 말릴 수 없었다. 오랜만에 딸과 오붓이 즐기려던 오후 일정을 모두 접어야 했다. 기대가 크면 실망도 크다더니.

홀로 멍하니 거실에 앉아 생각하니, 내가 이해심이 부족한 게 아닌가 싶다. 오랜만에 딸애의 머리를 커트하러 미장원에 간 아내를 시샘하다니, 언제부터 내 마음이 이렇게 좁아졌을까. 전에는 이해심이 많다는 말을 듣곤 했는데…. 자탄하고 있을 때 전화벨이 울린다.

"배고프지요? 딸애가 사 온 '삿포로' 라면이라도 끓여 드시고 조금만 더 기다려요." 옷가게 몇 군데를 들러서 온다는 아내의 전화다. 쇼핑은 나와 같이 다녀도 되지 않느냐며 짜증을 냈지만, 곧 들어간다는 말만 되풀이한다.

그러던 아내는 석양녘이 돼서야 집에 돌아왔다. 안방에서 사 온 옷들을 입어 보며, 근래에 듣지 못했던 웃음소리가 들려온다. 난 꿔다 놓은 보릿자루처럼 소파에 덩그러니 앉아 티브이를 본다. 하필이면 '파고다 공원 노인들의 하루 생활'이란 특집 프로그램이다.

지난날들이 그립다. 1977년, 로스앤젤레스 무역관에 부임할 때다. 가족 데리고 외국에 나가기가 어려웠던 시절에 "아빠 덕에 애들이 미국에서 공부하게 되었다"고 내 손을 꼭 잡던 아내의 그 정겨운 표정은 어디로 갔을까. 그때는 아내도 애들도 내 곁에 있었다. 백화점을 갈 때도 동네 식품점을 들를 때도 나만 따라다녔다. 이제 내 힘도, 가정에서의 영향력도 점점 시들어 가고 있으니….

바깥이 어둑해져서야 아내와 딸은 거실로 나온다. 딸애가 선물이라며 와이셔츠와 넥타이를 내게 건넨다. "저녁은 외식해요"라는 딸아이의 말이 떨어지기 바쁘게 아내는 "그러자"며 맞장구를 친다. 둘만이 집에 있을 때는 자기 생일날에도 식당 음식이 비싸다며, 고개를 설레설레 흔들던 아내가 아닌가. 복요리가 좋겠다며 아내는 선뜻 앞장을 선다. 절대로 싸지 않은 생선 요리를 모처럼 먹어 보자는 심사다. 밥 사 달라고 할 때나 끼워 주는 서러운 가장이 되었다. 식당 쪽으로 걸어가면서도 아내는 딸과 연방 귀엣말을 주고받는다.

하긴, 뒤에서 보니 아내의 몸도 많이 약해졌다. 낯선 외국에서 호강은커녕 찾아오는 국내외 손님맞이에 집안을 쓸고 닦고, 항상 행주 들고 살았다. 이제 앞치마 벗고 바깥바람을 좀 쐰들 그리 탓할 일이 아니다. 애들 없는 빈 둥지에서 아내인들 무슨 힘이 솟겠는가. 축 처진 어깨와 주름진 얼굴이 그저 안쓰럽다. 그래도 막내딸을 보더니 얼굴에 화색이 돈다.

닷새 동안 집에 있던 딸애를 공항에 보내고 오면서 내 삶을 뒤돌아본다. 아이들이 커서 제 갈 길을 떠나고, 아내도 나이가 들어 자기 일에 바쁜 것은 당연한 일이다. 그 때문에 좀 쓸쓸함을 느낀들 그 누구를 탓할 일도 아니다. 필연적인 수순이다. 언젠가는 홀로 될 연습을 하는 것이 요즘의 내 삶이다. 지극히 자연스러운 과정이다. 그러고 보니 필연한 일에 괜히 속병을 앓았다.

팽이는 돌아야 아름답다

첫눈이 내린다. 어디론가 걷고 싶다. 바닷바람이라도 쐬려고 소래 포구로 가는 길.

광명시를 거쳐 목감(牧甘) 사거리를 지나니 물왕저수지가 저만치 보인다. 얼음판에서 십여 명의 아이가 팽이 놀이를 한다. 어린 시절이 구름처럼 떠오른다. 빙빙 도는 팽이에 그때의 추억이 감긴다. 이동식 카페에서 들려오는 동요(팽이치기)도 팽이 따라 돈다.

채를 감아 던지면 꼿꼿하게 서서
뱅글뱅글 뱅글뱅글 잘도 도는 팽이

팽이하고 나하고 한나절을 놀고

팽이 따라 뱅글뱅글 나도 돌며 놀고.

돌던 두 팽이가 부딪친다. 그중 한 팽이가 비틀거리더니 얼음판에 멈춘다. 다가가 내려다본다. 끈으로 돌린 원뿔 모양의 나무 팽이가 힘이 약해 쓰러졌다. 멈춘 팽이의 얼굴엔 주름이 파이고 얼룩덜룩 상처 난 피부에 때가 두껍게 끼었다. 먼지와 손때 묻고, 채에 맞아 상처 나고, 얼음과 돌에 부딪혀 긁히고, 그리고 흙바닥과 얼음판을 돌고 돈 고난의 흔적이다.

그런 팽이도 빙빙 돌 때는 얼굴이 곱게 보인다. 주름도 연결된 하나의 고운 선으로, 군데군데 벗겨진 태극무늬도 하나의 디자인으로, 고르지 못한 얼굴도 도는 속도에 가려 말끔하게 나타난다. 때가 끼어 거무스름한 피부도 일광욕한 건강 색으로 보인다. '도는 게' 아름답다.

하지만 돌다가 정지한 팽이는 흠이 많다. 상처투성이다. 인생도 그렇지 싶다. 한창 잘 나갈 때, 이를테면 쌩쌩 달릴 때는 흠이 잘 보이지 않는다. 단점도 달리는 속도에 가려 장점만 드러난다. 아름다운 면만 두드러진다. 사랑으로 줄달음할 때 상대의 좋고 고운 면만 보이듯이.

그렇지만 주행선에서 정지하거나 물러서면 스스로 움츠러진다. 나사 풀린 문짝처럼 삐거덕거리는 소리가 난다. 퇴직 후 외출하지 않으니 샤워하는 횟수도 줄어든다. 몸차림에도 신경 쓰지 않는다. 추레한 모습이다. 그뿐만이 아니다. 행동거지도 느슨해진다. 그러니 집에서 잔소리를 듣는다. 요즘의 내 삶이 그렇다. 움직이게 된 몸인데 집에 앉아 있으니 겉늙기 마련이다.

집 안에서만이 아니다. 바깥세상에서도 대우가 후하지 않다. 팽이처럼 팽팽 돌 때는 손뼉 치며 응원해 주던 사람들도 하나둘 나로부터 떠나간다. 지난날 잘한다고 칭찬해 주던 일도 점차 안개에 가려진다. 흉이나 흠집으로 남는다. 멈춘 팽이처럼.

팽팽 돌던 선반기 인생의 활동 기간은 점차 짧아지며, 살아갈 후반기 수명은 자꾸만 길어져 간다. 100세 시대가 눈앞으로 다가와 있다. 인생의 전반기를 살고도 갈 길이 멀다. 헐거운 시간과 공간 속에서 그냥 소일할 게 아니다.

비록 전반기와 같은 탄탄대로는 아닐지라도 제2, 제3의 길을 찾아 주행할 일이다. 그 길도 어려우면 사회 봉사활동을 하면서 쉬지 않아야 한다. 멈춘 팽이와 같은 모습을 보이지 않으려면, 겉늙지 않으려면.

팽이는 돌아야 아름답다. 인생도 그렇다. '돌고 돌아야지.'

그리운 완행열차

고향길은 언제나 설렌다. 찻간에서 창밖을 내다보며 들뜬 마음으로 찾아가던 고향이다. 그런 기대로 서울역에 닿으니 기다란 현수막이 드리워 있다. "축 경부 고속철도 2단계 구간 개통".

'가는 날이 장날'이라더니 참 잘됐다 싶다. 말만 듣던 케이티엑스(KTX)를 타 봐야지. 매표구로 다가가니 역원이 "며칠 전 동대구~부산 구간이 개통되어 영천(永川)을 조금 지나 신경주역에 케이티엑스가 멋습니다."라고 설명한다. 승차권을 사서 들고 열차에 오르니 주중이라 그런지, 아직 홍보가 잘되지 않아선지 차 안이 썰렁하다. 승객이 띄엄띄엄 앉아 있다. 출발 신호가 울리더니 열차가 달린다. 시속 300km로 부산까지 2시간 18분이 걸린다니 영천까지는 2시간도 걸리지 않을 것 같다.

습관처럼 창 쪽 좌석에 앉아 밖을 내다본다. 지난날 정겹던 풍경들이 그냥 휙휙 지나간다. 한강 철교인가 싶더니, 금방 안양, 수원 들판으로 이어진다. 어느 한 곳에 시선을 멈춰 생각할 겨를이 없다. 아쉽다. 고향 같은 들판이나 산자락을 볼 수가 없다.

학창 시절 완행열차가 떠오른다. 고향 갈 때면 으레 창가에 앉아 바깥을 내다보며 고향을 그리워했다. 차창에 스치는 풍경이 고향을 연상시켜줬기 때문이다. 창 너머로 지나가는 초가집을 보면 마치 고향 마을 같았고, 쟁기질하는 소를 보면 우리 집 암소이듯 반가웠다. 굴뚝에 연기가 피어오르면 부엌에서 밥 짓는 어머니의 모습이 떠오르곤 하였다.

수원 근교의 황금빛 들이 펼쳐지면 고향의 마을 앞 들판이 떠올랐다. 산자락 묘지가 눈에 들어오면, 우리 문중의 선산이듯 고개가 숙어졌다. 어쩌다 허수아비라도 보이면, 참새들이 누런 벼 이삭 위로 날아오르던 그 장면이 눈앞에 어른거려 고향 생각에 잠기곤 하였다.

그렇듯 고향을 그리며 뿌듯하게 부풀던 설렘, 네댓 시간을 달려 김천역을 지날 때면, '이제 한 시간만 더 가면 내 고향이다.'라며 시간이 늦게 감을 안타까워하였다. 열차가 낙동강 다리를 건널 때면 '좀 더 속도를 내었으면' 하는 조바심으로 시계를 들여다보곤 하였다.

추풍령역이었던가. 누군가를 기다리고 서 있는 아주머니가 마치 어머니같이 보였다. 영천역 출구에 나와 나를 기다리고 계실 어머니의 얼굴이듯 가슴이 두근거렸다. 태어나 자란 그 마을이 그리웠다. 어릴 적 뛰놀던 골목을 걸어 보고, 물고기를 잡으며 풍덩거리던 개울을 기웃거리고 싶었다. 이맘때쯤이면 아버지가 논물을 빼며 서 계시던 그 논둑을 서성거려 보고 싶은 마음이었다. 그런 상상을 하며 가슴 설레던 고향 열차였다.

그랬던 '고향 그리기'가 날아가듯 윙윙거리는 속도에 밀렸을까. 고속열차엔 그리움도 설렘도 가슴에 와닿지 않는다. 이제 아버지, 어머니가 고향에 계시지 않아서가 아니다. 출가한 두 여동생만이 거기에 살고 있기 때문만도 아니다. 고속열차에선 고향을 떠올릴 대상이 보이지 않는다. 바깥 풍경도, 차 안 분위기도 그러하다.

승객 모두가 제 할 일로 바쁘다. 출장 가는 사업가이듯 서류를 꺼내 읽는 사람, 벽면 티브이에 시선을 둔 사람, 더러는 휴대전화 화면을 내려다보는 젊은이, 또는 눈을 지그시 감은 중년층이 대부분이다. 내 느낌인지는 몰라도 고향을 찾아가는 승객처럼 보이지 않는다. '저 사람들은 어디로 가는 것일까?' 주위 사람에게 말문 열기가 망설여진다.

고속열차는 고향 열차가 아닌 것 같다. 덜거덕거리던 완행 찻간에서 경상도 사람이라도 만나면 저절로 고향 말, 사투리를 주고받으며 금방 친숙해졌다. 그럴 때면 삶은 달걀을 나눠 먹으며 오순도순 정겨운 이야기를 나눴다. 때론 옆에 앉은 승객에게 오징어를 북북 찢어 나누며 소주잔을 기울이기도 하였다. 그랬던 찻간이었는데…. 어느 좌석에도 그런 정경을 찾아볼 수 없다. 전과 달리 차 안 통로에 선 승객이 없으니 말 붙일 상대도 없다.

지난날 역마다 서던 완행열차는 사라졌지만, 그 추억은 아직도 생생하다. 왜관역이었다.

"능금 사이소"

"달아요?"

"예, 꿀맛임더"

"한 줄 줘요"

그 소녀에게 돈을 치르고 까먹던 군밤 하나를 건네니, "어데예" 하며 웃음 띠며 물러서던, 그 청순한 소녀의 모습을 어디에서 또 볼 수 있을까?

그 시절 유행하던 〈이별의 부산 정거장〉, 〈대전 블루스〉, 〈고향 역〉 같은 노랫말은 완행열차에서만이 풍길 수 있는 우리, 아니 나의 정서다.

"코스모스 피어 있는 정든 고향 역

이쁜이 곱분이 모두 나와 반겨 주겠지…." 이런 노래는 이제 국민가요가 되어 나의 가슴을 적셔 주는 애창곡으로 남았다.

속속익선(速速益善 빠를수록 더욱더 좋은) 시대에 고속열차에 밀린 완행이다. 그 완행열차에 실려 간 '고향 그리기'이요. 설렘이다. 이제 케이티엑스에 더하여 철로 위를 떠서 달리는 자기부상열차(磁氣浮上列車)*가 등장한 시대에, 완행열차를 그리워하는 나는, 시대에 뒤처진 '완행 인간'일까. 아니면 나만이 고향을 그리는 향수병에라도 걸린 것일까? 빨리 달리는 현실에서 멀어져 가는 자신을 본다.

바쁜 일도 없는데 괜히 비싼 차비 내고 케이티엑스를 탄 것 같다. 고향 가는 열차는 역시 완행이 어울린다. 비록 역마다 서는 완행은 아닐지라도 드문드문 멎는 무궁화호라도 탈 걸 그랬다. 할 일이 많고 시간이 부족하다 보니 '빨리빨리'가 일상화되어 가지만, 속도에 실려 간 설렘이 아쉽다.

그래선지 마을과 마을을 이으며, 산자락을 휘돌며, 느릿느릿 달리던 완행열차가 오늘따라 더욱 그리워진다. 지난날 완행열차가 영천에 들어서는 금호강 철교를 건널 때면, 시꺼먼 연기를 내뿜으며 '뚜~' 하던 그 기적 소리를 듣고 싶다. 기차가 품어대던 연기처럼 사라져 간 그 완행열차가 그립다.

어느덧 열차가 미끄러지듯 신경주역에 닿는다. 서울을 떠난 지 2시간 2분 만이다. 지난날 대여섯 시간 동안 그리며 설레던 '고향 그리기'는 어디서 찾을 수 있을까. 열차가 빠르고 복잡하지 않아 편히 오긴 했지만, 입을 꼭 다문 채 어느 한 곳 시선 멈춘 데 없이 실려 온 나는 무엇을 잊어버린 것처럼 서운하다. 설렘 없는 만남이 기쁠까, 뜨거울까. 고속 시대에 케이티엑스도, 자기부상열차도 있어야 하겠지만, 좀 천천히 달리는 완행 열차도 한두 편 있었으면 좋겠다. 나만의 바람일까?

*자기부상열차 : 전자석의 힘으로 떠서 달리는 자기력(磁氣力)을 이용해 차량을 선로 위에 부상시켜 움직이는 열차다. 2013년부터 인천공항에서 무의 관광단지까지(6.1km) 운행한다.

마음 베란다 하나 둬야겠다

좁은 아파트에 베란다가 필요하듯이 좁디좁은 내 마음에도 베란다 하나 있었으면 싶다.

한 평의 공간이 아쉬운 아파트다. 그래선지 아파트 베란다만큼 요긴한 데가 또 있을까? 소중한 베란다다. 두어 평 남짓한 공간이 두루 쓸모가 많다. 밖으로 트인 창문을 통해 마포대교 너머로 유유히 흐르는 강물을 내다보고, 석양 무렵이면 서강대교를 붉게 물들이며 하루를 마감하는 서쪽 하늘을 바라본다. 나의 고단한 하루도 저 물결과 노을에 실어 보내면서.

전망대 역할만이 아니다. 그 좁은 베란다가 긴요하게 쓰인다. 먹을거리를 품 안에 안아준다. 3, 4일마다 장 본 식자재를 거기에 부린다. 펼쳐놓고 분류한다. 우선 우유 · 주스 · 과일

등을 냉장고에 넣고, 여섯 병씩 묶은 생수는 베란다 뒷부분에 가지런히 줄 세운다. 수시로 꺼내 쓰는 마늘·감자·양파 등을 앞부분에 놓는다.

그리고 양쪽 구석에 조용히 앉은 소금·고추장·된장·간장 통은 이곳의 터줏대감이다. 또한, 창가에 놓인 꽃들이 피고 지며 열매 맺는 곳도 이 베란다다. 이처럼 좁은 공간을 유용하게 쓸 수 있는 내 마음 한쪽에도 베란다 하나 있으면 얼마나 좋을까. 아파트보다 더 좁디좁은 마음이 아닌가.

여유라곤 없는 마음, 무엇엔가 쫓기듯 서둘기 일쑤다. 언제부턴지 메마른 마음에 조마조마한 나날이다. 성냥갑 같은 콘크리트 틀 안에 머물기 때문일까. 아니면 팍팍한 일정에 얽매여 사는 까닭일까. 그도 아니면 촘촘히 짜인 도시 생활에 밀리고 눌려 내 마음이 움츠러들었을까? 새가슴이 됐다.

'마음 그릇'은 좁은 데다 욕기(慾氣)가 넘쳐난다. 다양화하는, 선택의 폭이 넓어져 가는 문명은 내 마음을 동요시킨다. 많은 선택할 거리를 던져준다. 이를테면 손전화만 해도 그렇다. 손에 익숙할 만하면 얇고, 가볍고, 테두리가 매끈하고, 화면이 밝디밝은 신제품이 나와 나의 시선을 당긴다. 마음을 들뜨게 한다.

기기만이 아닌 일상 언어도 새말을 만들어 수시로 띄운다. 웹(web), 댓글, 네티즌, 누리꾼 등의 신조어를 놓칠까 봐 컴퓨터 화면에서 눈을 떼지 못한다. 그도 그럴 것이 쓴 글을 때때로 새로운 말로 바꿔야 하는 번거로움이 있다. 다음에는 어떤 말이 다시 나올까, 늘 긴장하게 하는 시대의 물결이다. 내일은 또 무엇이 눈길을 끌며, 어떤 바람이 불어올까?

초조한 나날이다. 안정되지 않은 마음은 바다에 뜬 조각배처럼 흔들린다. 느긋하지 못한 까닭이다. 수시로 신구(新舊)가 교차한다. 아날로그와 디지털이 혼재하는 시대, 마음이 힘들다는 건 더 발전하고 진화하는 과정이긴 하지만, 과부하가 걸리는 내 마음이다.

늘 가로세로로 얽히고설키는 욕기와 소망들로 어리둥절하여 스트레스로 이어진다. 이러한 물결과 어설픈 꿈 · 소망 · 기대를 잠재우며, 때때로 흔들리는 마음을 붙잡아 둘 '마음 베란다' 하나 둬야겠다. 우리 집 아파트의 베란다 같은.

하면, 뒤엉킨 착잡한 생각도 정리되고, 스트레스도 덜 받을 것 같다. 또한, 내 마음도 좀 느긋해지지 싶다.

벚나무를 면회하며

오늘은 벚나무 100그루를 시집 보내는 날. 시흥 농장 가는 내내 마음이 우울하다. 그도 그럴 것이 딸 같이 키워온 나무였기에.

7년 전 시흥 텃밭(1,200평)에 750그루의 벚나무 묘목을 심었다. 두어 뼘 자란 아기 나무를 정성껏 키웠다. 흙이 건조하면 물 주고, 주위에 잡풀이 돋으면 뽑아주고, 곁가지가 뻗으면 잘라주고, 술기에 빌레기 생기면 소독해 주고, 잎이 활기가 없으면 퇴비를 뿌리고, 1.2m 키 높이로 자랄 때까지 줄기에 돋는 순을 따주곤 하였다.

두어 해 그렇게 보살폈더니 벚나무가 화답한다. 꽃을 피운다. 4월 중순경이면 기다렸다는 듯이 일제히 꽃잎을 연다. 너른 밭이 온통 꽃이다. 장관이다. 나만 기뻐하는 게 아니다. 마을 사람들이 걸음을 멈추고 벚꽃을 즐긴다. 할아버지 · 할머니 그리고 부녀자가 아이들을 데려와 사진을 찍으며 웃음꽃을 피운다.

봄맞이하는 밭이다. 해마다 벚꽃이 필 때면 사람이 몰려든다. 이곳 월미마을 사람들만이 아니라 이웃 마을 사람들도 꽃구경하러 찾아오곤 한다. 외지의 사람들도 차를 멈추고 "아~ 벚꽃 참 예쁘다."라며 밭을 한 바퀴 돌아보고 즐거운 마음으로 돌아간다.

그런 기쁨을 준 지 5년이 되니 벚나무도 어느덧 성목(成木)이다. 내 키보다 높이 자랐다. 딸이 그러하듯 나무도 이제 제 살 집으로 보내야 한다. 허리둘레 20cm, 키 높이 2.5m가 시집갈 적기라고 한다. 선보이고자 반듯하게 잘 자란 나무들을 사진 찍어 인터넷 '나무시장'에 올린다. 올린 지 3일 만에 전화를 받는다. 그동안 두어 번 밭에 들러, 나무를 봤다는 조경사다. 우선 100주를 사겠다고 하여 주당 5만 원에 합의한다.

그 이튿날, 벚나무가 제 살 집으로 떠나는 날이다. 목감 사거리를 지나니 물왕저수지에서 피어오르는 물안개가 내 마음의 구름인 듯 짙게 깔린다. 유리창 와이퍼로 안개를 지워가며 농장에 닿는다.

일꾼들이 먼저 와 기다리고 있다. 뽑아갈 벚나무에 빨간 리본을 두르던 조경사가 내게 다가온다.

"안녕하십니까?"

"네, 일찍 오셨습니다."

"어제 말씀드린 대로 7시부터 작업하려고 합니다."

"예, 그렇게 하시지요."

일꾼 2명이 한 조가 돼, 3개 조가 리본 두른 나무를 캔다. 밑동에서 사방 30cm 주위를 둥글게 판다. 뿌리에 달라붙은 흙과 함께 마대로 싼 다음 고무줄로 묶는다. 삽질할 때 잘린 막뿌리의 하얀 살결을 보니 가슴이 아리다. '얼마나 아팠을까!' 그 자리를 떠나 농막에 돌아온다. 마음이 착잡하여 커피를 마시는데 전화벨이 울린다. 농협 회의에 참석해 달라는 연락이다.

며칠 전 약속한 모임이라서 오찬을 겸한 회의에 참석하고, 농막으로 돌아온다. 조경사가 다가오며 "작업을 마치고 곧 떠난다"라고 인사한다. 벚나무가 가는 시가(媤家)는 "서울 강남구 압구정동 아파트 단지"라고 일러준다. 조경사와 같이 벚나무 캔 자리를 둘러본다. 군데군데가 마치 방공호같이 패였다. 서무는 햇살이 구덩이 속, 잘린 뿌리에 비친다. 내 마음에도 구덩이가 팬 듯 공허하다.

그때다. 벚나무 실은 세 대의 트럭이 시동을 건다. '부르릉' 떠나가는 트럭 짐칸에 뒤로 드러누운 벚나무 가지가 출렁인다. 나는 두 손을 흔들며 인사한다. '어서 가서 잘 살아다오. 가는 그곳이 마음에 들었으면 좋겠다.'

그 다음 날 여느 때와 같이 밭에 들어선다. 아침마다 대면하던 벚나무 자리가 비어 있다. 서운하다. '잘 갔을까. 자리 잡았을까?' 문득 거기에 가 보고 싶다. 어떤 장소에 어떻게 정착했는지? 가서 면회하고 싶다.

과천을 거처 반포 종합버스터미널을 지나, 압구정 거리에 들어선다. 마치 시집간 딸 집을 찾는 기분이 이럴까. 빨리 가서 만나 보고 싶다. 듣던 대로 거리는 활기가 넘친다. 젊은이들이 팔짱 끼고 무리 지어 걷는다. 길거리 쇼윈도엔 화려한 패션 옷들이 시선을 끈다. 아파트 단지로 들어가, 관리인이 안내하는 벚나무 앞에 선다.

한강이 굽어보이는 담 밑 화단에 두 줄로 서 있다. 둥글게 잘 깎은 세 개의 버팀목에 의지한 벚나무들이 나를 반겨주듯 가지를 흔든다. 다가가 잡아준다. '나보다 전문가인 조경사의 관리를 받고 있으니 다행이다. 2년 전 태풍이 휘몰아칠 때도 버팀목 하나 세워주지 못했는데….'

이제 폭풍이 불어와도 몸이 흔들이지 않을 것 같다. 시집은 잘 온 것 같은데 내 마음이 착잡하다. 화단 앞을 걸어가며 나무에 눈길을 준다, '부디 잘 살아다오. 우리 밭보다 좋은 환경이니 해마다 싱싱한 잎과 고운 꽃을 피워 이곳 주민들에게 사랑받고 살았으면 싶다.'

내년 봄 우르르 꽃 필 그날, 주민들이 너희를 쳐다보며 기뻐할 그 모습을 떠올리니, 벌써 내 마음이 뿌듯하다. 하지만 막상 벚나무 곁을 떠나오려니 지난날이 걸음을 붙든다. 2012년 볼

라벤, 덴빈 등의 태풍이 휘몰아칠 때 가지가 꺾이고 줄기가 흔들리며 기울곤 했다. 그런데도 지주대 하나 세워주지 못했던 아쉬움이 한으로 남는다. 그러나 이제부턴 전문 조경사의 보살핌이 있을 것이니 안심이다.

헤어질 시간이다. 나는 다시 담 밑으로 한 걸음 다가간다. 늘어진 가지 하나를 잡고 작별 인사를 한다. "잘 살아라", 잡은 가지를 가볍게 흔들며. 또 한 번 "잘 살아라".….

이럴 때 난 머그잔에 커피를 탄다

스스로 커피를 탈 때가 나만의 시간이다. 집에서보다 농막에서 그럴 때가 더러 있다. 내 글방이 있는 그 농장은 시흥시 월미마을에 있다. 700여 그루의 벚나무를 키우는 조경수밭이다.

새들이 포르르 날아온다. 마치 제집 드나들 듯 벚나무를 찾아온다. 6년 자란 가지에 모여 앉는다. 깃을 털고 부리를 비다듬는다. 그러곤 무슨 사연이 그리도 많은지 그저 재재댄다.

먹을거리가 많은 밭이 아니다. 먹이라곤 밭 한쪽에 심은 채소에 자생하는 벌레나 잡초의 씨앗 정도가 고작이다. 이 마을 너른 들판, 물왕(物旺)저수지 수로변(水路邊)에 우거진 수풀, 월미마을을 둘러싼 야트막한 산자락을 다 마다하고 여기로 모이는 새떼다. 추측건대 농약 냄새가 나지 않아서일 것이다. 마을 주민들이 논밭에 뿌려대는 제초제나 모기약을 피해 온 것일 거다.

나도 제초제를 뿌릴 뻔했다. 3년 전, 땀 뻘뻘 흘리며 잡풀을 뽑고 있을 때였다. 지나가던 농부가 내게 말했다. "잡풀은 뽑아선 감당하지 못합니다. 제초제를 뿌려야 합니다." 그 말을 듣고 접촉성 농약 '바스타'를 사다가 물을 타는데 조경사(造景師)가 찾아왔다. "제초제는 벚나무가 뿌리 뻗는데 해로울 뿐 아니라 흙의 상일꾼인 지렁이를 쫓아냅니다."라고 일러줬다.

'아차 싶었다.' 제초제를 뿌리지 않은 게 다행이었다. 조경사의 말이 옳았다. 풀 뽑기도 2~3년간이었다. 벚나무가 내 키 높이로 무성하게 자라니, 나뭇잎에 햇볕이 가려 잡풀이 전처럼 돋아나지 않았다. 또한, 남들과 달리 여름 내내 무공해 청정 채소를 뜯어다 먹을 수 있게 됐다.

밭에 벚나무를 심은 것도 그 조경사의 덕이었다. 잔병 없이 잘 자라는 데다 도로나 공원의 조경용으로 수요가 많다고 추천했다. 그의 말대로 생명력이 강하고 가지도 사방으로 쭉쭉 뻗는 왕벚나무였다.

어느덧 키가 3m나 자랐다. 겹겹의 나뭇잎이 가려주는 새들의 쉼터다. 농약 냄새도 나지 않는 그들의 놀이터다. 길게 뻗은 가지에 나란히 앉아 청춘을 즐긴다. 서로 눈길을 주고받는다. 춤추듯 나뭇가지를 흔든다. 그네 타듯 위아래로 일렁인다.

참새도, 들새도, 때론 까치도 이 가지 저 가지에서 지저귄다.

"재재재~ 짹짹짹~ 깎깎깎~." 무슨 얘긴지 알 수 없지만, 내겐 그들의 '사랑 노래'로 들린다. '여기 이런 낙원이 있었네!'라며 즐기는 듯하다. 본의는 아니었지만, 월미마을 새들에게 작은 쉼터를 만들어 준 것 같아 마음이 뿌듯하다.

새소리만이 아니다. 바람이 일면 벚나무 잎사귀끼리 비벼대는 소리, 밭둑 너머에 흐르는 도랑물 소리, 그리고 새소리가 한데 어울려 하모니를 이룬다. '자연의 합주곡'이다. 신시사이저*가 연주하는 풋풋한 연가로 들린다. 이럴 때 난 머그잔에 커피를 탄다.

*신시사이저(synthesizer): 전자 악기의 하나. 발진 회로에서 얻는 단음을 전자 회로에서 가공하여 여러 가지 음색을 만들어 내는 건반 악기.

■ 작가 연보

· 1937년 12월 25일 부 장태식(張太植)과 모 김귀향(金貴香) 사이에 장남으로 경북 영천시 고경면 청정리에서 출생

· 학력

1950 청계국민학교 졸업

1953 영천중학교 졸업

1954 국립체신고등학교 속성부 통신과 졸업

1955 동북고등학교 졸업

1958 홍익대학교 신문학과(新聞學科) 3년 수료

1964 건국대학교 행정학과 졸업

1980 서울대학교 최고경영자과정(EC) 수료

· 경력

1954~1961 체신부 국제전신전화국(KIT) 근무

1961~1964 군 복무 (KATUSA, 병장 제대)

1965~1994 대한무역진흥공사(KOTRA) 근무

1971~1973 나고야무역관 조사역

1973~1975 후쿠오카무역관 조사역

1975~1977 전시부 국내전시과장

1976 제2회 다칼국제무역박람회 한국관 관장
1977~1978 로스앤젤레스무역관 부관장
1978~1980 뉴올리언스무역관 관장
1979 미국 루이지애나 주지사 경제자문위원
1980~1982 홍보출판부 홍보과장
1982~1983 총무부 인사과장
1983~1986 상파울루무역관 관장
1986~1987 시장개척3과장
1987~1990 나고야무역관 관장
1989 세계디자인박람회 한국관 관장
1992~1993 대전세계박람회 파견 전시부장, 관리부장
1994~1995 대전엑스포기념재단 관리본부장
1996 (주)서라무역 대표이사
1997 (주)한솔전람 회장
1998 신세기21(주) 회장
1999 민주평화통일자문회의 자문위원 (대통령 위촉)
1999 중소기업진흥공단 수출자문위원 (중소수출기업 76개사)
2001 중소기업청 수출전문위원 (중소기업 25개사)
2003~2005 트레이드맥스 대표 (중소기업제품 수출)

· **문단 활동**

1977 한국일보 미주판「라성춘추」칼럼 필진
1988 일본 중부경제신문「월요평론」집필
2003『창작수필』신인상으로 수필 등단
2004 한국문인협회 회원
2005 시화산방(柿花山房) 회원
2007 문예춘추문인회 · 한국육필문인협회 회원
2008 (사)국제PEN클럽 한국본부 회원
2009 한국생활문학회 부회장
2010『생활문학』시조시인 신인상으로 등단
2010 제76차 국제펜클럽 도쿄대회에 참가, 자작시조 낭송
2010 조선일보 Essay란에 수필 게재 (괜한 속병)
2011 한국수필문학가협회 이사
2014 디지틀조선일보 힐링 에세이 칼럼 필진
2016『생활문학』문학평론 신인상 수상으로 등단
2017 (사)국제PEN클럽 한국본부 자문위원
2019 한국수필문학가협회 감사

· **수상**

1976 국무총리 표창 (수출 유공)

1977 중앙정보학교 제23기 외교관 과정 우등상 수상
1980 뉴올리언스시 명예시민
1982 국무총리 표창 (수출 유공)
1994 대한민국 산업훈장 (철탑) 수훈
2005 제1회 여행미디어신문 여행수기 공모 당선
2006 제7회 시흥문학상(수필) 수상
2006 제11회 영등포문화원 산문 우수상
2007 타고르문학 대상 수상 (부상: 개화예술공원에 문학비 세움)
2008 재13회『생활문학』작품상 수상
2010 제15회『생활문학』대상 수상
2015 생육신 원호 선생 추모 제1회 전국시조백일장에서 입선
2017 제1회 오리 이원익 글짓기 공모전에서 우수상 수상
2017 제5회 여강시가회 시조문학상 수상
2019 원곡 원천석 선생 추모 제3회 전국시조백일장에서 입선
2019 2019년『창작수필 문학상』수상

· 저서

2006 수필집 『오동나무 그 결처럼』

2009 수필집 『느긋이 걸으니 이런 즐거움도 있네』

2011 교음사 수필선집 『스타벅스 가는 길』

2011 수필집 『삶의 소소한 즐거움』

2013 수필집 『썰물로 밀물로』

2015 수필집 『찔레꽃 그 향기처럼』

2015 시조집 『꿈나무의 향연』

2018 수필집 『묵은 길대』

2020 수필과 비평사 수필선집 『팽이는 돌아야 아름답다』 발간

현대수필가 100인선 II· 79
장병선 수필선

팽이는 돌아야 아름답다

초판인쇄 | 2020년 3월 15일
초판발행 | 2020년 3월 25일

지은이 | 장 병 선
펴낸이 | 서 정 환
펴낸곳 | 수필과비평사 · 좋은수필사

주 소 | 서울시 종로구 삼일대로 32길 36.
(익선동 30-6)운현신화타워 305호
전 화 | 02)3675-5635, 063)275-4000
등 록 | 1984년 8월 17일 제28호
홈페이지 | http://www.shinapub.com
e-mail | essay321@hanmail.net

값 8,000원

ISBN 979-11-5933-262-3 (04810)
ISBN 979-11-85796-15-4 (세트)

이 도서의 국립중앙도서관 출판시도서목록(CIP)은 서지정보유통지원시스템 홈페이지(http://seoji.nl.go.kr)와 국가자료공동목록시스템(http://www.nl.go.kr/kolisnet)에서 이용하실 수 있습니다.(CIP제어번호: CIP2020012273)